लंका दहन COLOR

विवेक कुमार पांडे शंभूनाथ

क्रम-सूची

क्रम-सूची

क्रम-सूची

प्रस्तावना

इस किताब में लंका दहन की सम्पूर्ण कथा है । कैसे राम जी की सेनाओं ने लंका में डंका बजाया । आखिर में जीत तो श्री राम जी की ही होती है । इस किताब को लिखने के दौरान कोई भी धर्म या जाति समाज, संस्कृति एवम् किसी भी परिवार के सदस्य को नुक्सान नहीं पहुंचाया गया है। हम किसी को भी ठेस नहीं पहुंचाना चाहते हैं।

भूमिका

लेखक जीवनी

मेरा नाम विवेक कुमार पांडे है और मैं एक लेखक हु , मैं गुजरात के सुरत में निवास करता हूं.मेरा जन्म ३० सप्टेंबर २००२ में हुआ था, और मुझे बचपन से एक्टर बनने का सोख रहा है और अभी भी है.। मैं कभी ये नहीं सोचता की लोग क्या कर रहे हैं मैं ये सोचता हूं कि मैं क्या कर रहा हूं, मैं आज सफल हूं तो अपने पापा की वजह से आज वो रहते तो उन्हें बहुत खुशी होती , वो सदा और हमेशा मेरे साथ रहेंगे.। मेरे रियल लाइफ के सुपरस्टार और सुपर हीरो मेरे प्यारे पापा है । आई लव यू पापा । पापा को मेरे हाथ कि चाय बहुत अच्छी लगती थी ।

जब उनका मन करता था चाय पीने के लिए तो वो कहते थे । मुझे चाय पीना है कौन बनाएगा मम्मी कहती मैं बना देती हूं लेकिन पापा कहते नहीं मेरा बेटा बनाएंगा । उसके हाथ कि चाय मुझे बहुत अच्छा लगता है । जब भी काम करके घर आने वाले होते हैं तब मुझे फोन करते है विवेक बेटा बोलो क्या खाओगे सेब ले लु । मैं कहता ठीक है पापा ले लिजिए । पापा कहते कितना लू एक किलो या 2 किलो । मैं कहता नहीं पापा सिर्फ मैं ही खाता हूं भईया और दीदी को फल अच्छा ही नहीं लगता है इसलिए 3 सेब ले लेना । लेकिन पापा मेरे लिए दो तीन किलो फल लेकर आ ही जाते थे । पहले ले लेते फिर मुझे फोन करते । हमेशा ऐसा ही करते थे ।

मैं ये नहीं कह रहा हूं कि मुझे बहुत ज्यादा प्यार और मानते थे । वो अपने तीनों संतानों को प्यार करते थे । सबसे छोटा तो मैं ही था घर में , मुझसे बड़ी मेरी बहन और मेरी बहन से भी बडे मेरे भईया । मैं आज भी वो दिन का इंतजार कर रहा हूं जब पापा मेरे लिए कुछ लेकर आएंगे । मेरे कान तरस रहे है वो आवाज़ सुनने के लिए । लेकिन कहते हैं जो चीज चली जाए वो कभी लौटकर नहीं आती है । आप सभी से निवेदन है आप अपने मम्मी और पापा का ध्यान रखें । दुनिया में एक ही भगवान है वो है माता ओर पिता ।

मैं बहुत ही शरारती था बचपन में । मुझे किताब लिखने का शोख बचपन से ही था । जब मैं तीसरी कक्षा में पढता था । तब से ही किताब लिखता था मैं और मेरा दोस्त हम दोनों किताब लिखके सभी को दिखाते थे और कहते थे जिन्हें मेरा किताब अच्छा लगे तो अपना हस्ताक्षर कर दे । मेरे अंदर एक बहुत ही खास विशेषता है मैं किसी के चक्कर में नहीं रहता हूं । कौन क्या कर रहा है करने दो मुझे कुछ फर्क नहीं पड़ता है । मुझे सिर्फ अपने आप पर ध्यान देना है ।

क्योंकि दुनिया में ऐसे भी लोग हैं जो नहीं खुद कुछ करना चाहते हैं और नहीं दुसरो को कुछ करने देना चाहते हैं । एक बात ध्यान रखें अगर आप कोई भी नया काम करते हैं तो पहले लोग ताना मारते ही है । ये मत करो वो मत करो तुम्हारे बस कि बात नहीं है , तुम नहीं कर सकते हो . मुझे यह पता नहीं चलता लोग इतना सुझाव क्यों देते हैं । हमें जो करना है

हम वहीं करेंगे । कई लोग हैं जो दुसरो के कहने पर वही करते हैं लेकिन मैं आपसे कह रहा हूं आप जो करना चाहे वो करे किसी के कहने पर खाई में मत कुदे । आपकी जिंदगी आपके ही हाथों में है लोगों के हाथों में नहीं है ।

मेरा बस एक ही सपना है की में नाम कमाकर अपने पिताजी का अधुरा सपना पूरा करूं ।

1

धनुष यज्ञ

मिथिला नरेश के वहाँ से विदा हो जाने पर ऋषि विश्वामित्र राम और लक्ष्मण को लेकर यज्ञ मण्डप में गये। यज्ञ मण्डप को अत्यंत सुरुचि के साथ सजाया गया था। उस भव्य मण्डप को देखकर लगता था मानों वह देवराज इन्द्र का दरबार हो। देश देशान्तर के राजा-महाराजाओं के बैठने की अति सुन्दर व्यवस्था की गई थी। मण्डप के ऊपर बहुमूल्य रत्नों से बने झालरयुक्त आकर्षक वस्त्रों का वितान तना हुआ था। वितान के चारों ओर फहरते हुये पताके मिथिलापति की कीर्ति को प्रदर्शित कर रहे थे। बीच-बीच में रत्नजटित स्तम्भ बनाए गए थे। वेदपाठी ब्रह्मण एवं तपस्वी शान्ति पाठ कर रहे थे। देदीप्यमान वस्त्राभूषणों को धारण किये राजकुमार अपने अपने आसनों पर विराजमान थे। ऐसा लग रहा था मानों सैकड़ों इन्द्र अपने वैभव और सौन्दर्य का प्रदर्शन करने के लिये महाराज जनक की यज्ञ भूमि में एकत्रित हुये हों। इस सौन्दर्य का अवलोकन करने के लिये जनकपुर की लावण्यमयी रमणियाँ अपने घरों के झरोखों से झाँक रही थीं।

गर्जन-तर्जन करते हुये पिनाक को इस मनोमुग्धकारी वातावरण में यज्ञ भूमि में लाया गया। सभी की उत्सुक दृष्टि उसी ओर घूम गई। सहस्रों व्यक्ति उस धनुष को एक विशाल गाड़ी में धीरे-धीरे खींच रहे थे। उस विशालकाय बज्र के समान धनुष को देखकर बड़े-बड़े बलवानों का धैर्य छूटने लगा और पसीना आने लगा। पिनाक को यथास्थान पर स्थापित कर दिया गया। राजा जनक के ज्येष्ठ पुत्र सीता एवं उनकी सहेलियों को साथ लेकर धनुष के पास आये और बोले, "हे सम्पूर्ण संसार के राजाओं और राजकुमारों! महाराज जनक ने प्रतिज्ञा की है कि जो कोई भी महादेव जी के इस पिनाक नामक धनुष की प्रत्यंचा को चढ़ायेगा उसके साथ मिथिलापति महाराज जनक अपनी राजकुमारी सीता का विवाह कर देंगे।"

राजा जनक की इस प्रतिज्ञा को सुनकर राजा और राजकुमार बारी बारी से उस धनुष पर प्रत्यंचा चढ़ाने के लिये आये किन्तु भरपूर प्रयास करके भी उस पर प्रत्यंचा चढ़ाना तो दूर उसे हिला भी न सके। अन्त में वे लज्जित हो सिर झुका कर तथा श्रीहीन होकर इस प्रकार

अपने-अपने आसनों पर लौट गये जैसे कि नागराज अपनी मणि गवाँकर लौट आते हैं। इस प्रकार एक-एक करके सब राजाओं और राजकुमारों को विफल मनोरथ होकर लौटता देख महाराज जनक को बहुत दुःख हुआ। उन्होंने बड़ी निराशा के साथ मर्मभेदी स्वर में कहा, "सम्पूर्ण संसार के विख्यात शक्तिशाली योद्धा यहाँ विद्यमान हैं, किन्तु बड़े दुःख की बात है कि उनमें से कोई भी पिनाक पर प्रत्यंचा नहीं चढ़ा सका। उनकी इस असफलता को देखकर ऐसा प्रतीत होता है कि पृथ्वी शूरवीर क्षत्रियों से खाली हो गई है। यदि मुझे पहले से ज्ञात होता कि अब इस संसार में वास्तव में कोई क्षत्रिय योद्धा नहीं रहा है तो मैं न तो धनुष यज्ञ का अनुष्ठान करता और न ऐसी प्रतिज्ञा करता। लगता है कि मेरी पुत्री सीता आयुपर्यन्त कुँवारी रहेगी। परमात्मा ने उसके भाग्य में विवाह लिखा ही नहीं है।"

महाराज जनक की यह बात सुनकर उन सभी राजाओं और राजकुमारों ने, जो अपनी असफलता से पहले ही लज्जित हो रहे थे, क्षुब्ध मन से दृष्टि नीचे झुका लिया। राजा जनक के द्वारा की गई इस भर्त्सना का उनके पास कोई उत्तर न था। परन्तु अयोध्या के छोटे राजकुमार लक्ष्मण को मिथिलापति द्वारा समस्त क्षत्रियों पर लगाया गया लांछन सहन नहीं हुआ। कुपित होकर उन्होंने अपनी भृकुटि चढ़ा ली और तीखे शब्दों में बोले, "हे मिथिला के स्वामी राजा जनक! आपके ये शब्द सर्वथा अनुचित और सूर्यकुल तथा रघुवंश का अपमान करने वाले हैं।

आश्चर्य है कि आपने ऐसे अपमानजनक शब्द कहने का साहस कैसे किया? जहाँ प्रतापी सूर्यकुल का साधारण व्यक्ति विद्यमान हो वहाँ भी कोई इस प्रकार तिरस्कार भरे शब्द कहने से पूर्व अनेक बार उस पर विचार करता है, फिर यहाँ तो सूर्यकुल के मणि श्री रामचन्द्र साक्षात् विराजमान हैं। आप शिव के इस पुराने पिनाक की इतनी गरिमा सिद्ध करना चाहते हैं। मैं बिना किसी अभिमान के कह सकता हूँ कि इस पुराने धनुष की तो बात ही क्या है, यदि मैं चाहूँ तो अपनी भुजाओं के बल से इस धनुष के स्वामी महादेव सहित सम्पूर्ण सुमेरु पर्वत को हिला कर रख दूँ। इस विशाल पृथ्वी को अभी इसी समय रसातल में पहुँचा दूँ।" ऐसा कहते हुये लक्ष्मण के नेत्र क्रोध से लाल हो गये, उनकी भुजाएँ फड़कने लगीं और उनका सम्पूर्ण शरीर क्रोध की ज्वाला के कारण थर थर काँपने लगा।

2

राम द्वारा धनुष भंग

लक्ष्मण को अत्यन्त क्रुद्ध एवं आवेश में देख कर राम ने संकेत से उन्हें अपने स्थान पर बैठ जाने का निर्देश दिया और गुरु विश्वामित्र की ओर देखने लगे मानो पूछ रहे हों के वर्तमान परिस्थिति में मुझे क्या करना चाहिये। विश्वामित्र ने कहा, "वत्स! लक्ष्मण ने सूर्यकुल की जिस मर्यादा एवं गौरव वर्णन किया है वह सत्य है। अब तुम धनुष पर प्रत्यंचा चढ़ाकर लक्ष्मण के वचन को सिद्ध कर के दिखाओ।"

गुरु की आज्ञा पाकर रामचन्द्र मन्द गति से पग बढ़ाते हुये शिव जी के धनुष के पास पहुँचे। राम को धनुष की ओर जाते देख सीता और उनकी सखियाँ तथा जनकपुरी के समस्त दर्शकगण अत्यंत प्रसन्न हुये। किन्तु उनकी प्रसन्नता को संशय ने घेर लिया। वे सोचने लगे कि जब विश्वविख्यात शक्तिशाली राजा और राजकुमार इस शिव जी के धनुष को हिला नहीं सके तो राम जैसे सुकुमार किशोर पिनाक की प्रत्यंचा चढ़ाने में कैसे सफल हो सकेंगे? सीता भी मन ही मन परमात्मा से प्रार्थना करने लगीं कि हे सर्वशक्तिमान! इन्हें इनके उद्देश्य में सफलता प्रदान करने की दया कीजिये। मेरा हृदय भी इनकी ओर आकर्षित हो गया है। अतः इसकी लाज भी आपको ही रखनी है। हे प्रभो! आप अपनी अद्भुत शक्ति से इस धनुष को इतना हल्का कर दीजिये कि यह सरलता से उनके द्वारा उठाया जा सके।

धनुष के पास पहुँचकर राम ने धनुष को बीच से पकड़कर सरलता के साथ उठा लिया और खेल ही खेल में उस पर प्रत्यंचा चढ़ा दी। प्रत्यंचा चढ़ाकर ज्योंही उन्होंने धनुष की डोर पकड़कर कान तक खींची त्योंही वह धनुष भयंकर शोर मचाता हुआ तड़तड़ा कर टूट गया। उस नाद से अधिकांश दर्शक मूर्छित होकर भूमि पर गिर पड़े। सिर्फ विश्वामित्र, राजा जनक, राम, लक्ष्मण आदि कुछ ही ऐसे लोग थे जिन पर इस भयंकर स्थिति का कोई प्रभाव नहीं पड़ा। कुछ काल पश्चात् जब सबकी मूर्छा दूर हुई तो वे राम की सराहना करने लगे।

धनुष भंग हो जाने पर राजा जनक ने विश्वामित्र से कहा, "मुनिवर! मेरी प्रतिज्ञा पूर्ण हुई इसलिये अब मैं सीता का विवाह रामचन्द्र के साथ करना चाहता हूँ। मुझे अपने मंत्रयों और पुरोहित को विवाह का संदेश लेकर महाराजा दशरथ के पास अयोध्या भेजने की आज्ञा दें।"

विश्वामित्र प्रसन्न होकर बोले, "राजन्! आपका ऐसा ही करना ही उचित है। अपने मंत्रियों को यह भी आदेश दे दें कि वे राजा दशरथ को सन्देश दे दें कि दोनों राजकुमार कुशलपूर्वक यहाँ पहुँच गये हैं।"

विश्वामित्र के वचनों से सन्तुष्ट होकर मिथिलापति जनक ने सीता को बुलवाया। वे अपनी सखियों के साथ हाथ में वरमाला लिये मन्थर गति से लजाती हुई वहाँ आईं जहाँ धनुष को तोड़ने के पश्चात श्री रामचन्द्र खड़े थे। सखियों ने मंगल गान प्रारम्भ किया और लज्जा, संकोच एवं हर्ष के भावों से परिपूर्ण सीता जी ने धीरे से श्री राम के गले में वरमाला डाल दी।

3

अयोध्या में तैयारियाँ

मिथिलापुरी से अयोध्या तक का मार्ग तीन दिनों में तय करके महाराज जनक के मन्त्री राजा दशरथ के दरबार में पहुँचे। रत्नजटित सिंहासन पर विराजमान महाराज दशरथ का सादर अभिवादन करने के पश्चात् मिथिला के मन्त्री ने कहा, "हे राजन्! मिथिला नरेश ने आपका कुशल समाचार पूछा है और महर्षि विश्वामित्र की आज्ञा से उन्होंने आपके पास यह संदेश भेजा है कि समस्त संसार को ज्ञात है कि मिथिला के राजा जनक की पुत्री सीता अत्यन्त रूपवती, लावण्यमयी एवं समस्त सद्‌गुणों से सम्पन्न है। राजा जनक ने अपने यहाँ एक यज्ञ किया था। उसमें उन्होंने यह प्रतिज्ञा की थी कि जो कोई भी भगवान शंकर के विख्यात धनुष पिनाक पर प्रत्यंचा चढ़ा देगा उसके साथ वे राजकुमारी सीता का विवाह कर देंगे। उस यज्ञ में महामुनि विश्वामित्र राम और लक्ष्मण दोनों राजकुमारों के साथ जनक पुरी पधारे।

राम ने धनुष पर प्रत्यंचा ही नहीं चढ़ा दी, बल्कि उस धनुष के दो टुकड़े भी कर दिये। इस प्रकार उन्होंने अपने अद्वितीय पराक्रम से सीता को प्राप्त कर लिया है। अतः राजा जनक ने आपसे सादर अनुरोध करते हुये यह संदेश भेजा है कि आप अपने समस्त परिजनों, बन्धु-बांधवों, मन्त्रियों एवं पुरोहितों तथा गुरु वशिष्ठ के साथ शीघ्र बारात लेकर मिथिला पधारने की कृपा करें ताकि राजकुमार श्री रामचन्द्र के साथ सौभाग्यकांक्षिणी सीता का विवाह वैदिक रीति से सम्पन्न हो सके और मिथिलेश कन्या के ऋण से उऋण हो सकें।

इस शुभ संदेश को सुनकर महाराज दशरथ अत्यन्त प्रसन्न हुये। राम लक्ष्मण की कुशलता एवं अद्भुत पराक्रम का समाचार सुनकर उनका हृदय विभोर हो गया। वे मन्त्रियों से बोले, "मन्त्रिवर! हमारा हृदय राम और लक्ष्मण से मिलने के लिये बहुत व्याकुल हो रहा है इसलिये आप शीघ्र ही परिजनों एवं दरबार के सभासदों के साथ जनक पुरी चलने की व्यवस्था कीजिये। समस्त बन्धु-बांधवों, राज्य के प्रतिष्ठित सेठ-साहूकारों, विद्वानों आदि सब को बारात में चलने के लिये निमन्त्रण पत्र भिजावाइये। सेनापति जी से कहिये कि वे शीघ्र चतुरंगिणी सेना को तैयार होने का आदेश दें। यदि सम्भव हो तो ऐसी व्यवस्था कीजिये कि हम सब लोग कल ही प्रस्थान कर सकें क्योंकि हमारे समधी मिथिला नरेश ने हमसे

बहुत शीघ्र मिथिला पुरी पहुँचने का आग्रह किया है। साथ ही परम पूज्य राजगुरु वशिष्ठ जी, वामदेव, जाबालि, कश्यप, मार्कण्डेय, महर्षि कात्यायन आदि ऋषि-मुनियों से भी यह प्रार्थना करें कि वे कल प्रातःकाल ही हम लोगों के चलने से पहले ही जनक पुरी के लिये प्रस्थान कर जायें। इस बीच में हम तीनों महारानियों को यह शुभ समाचार देने के लिये जाते हैं।"

इतना कह कर राजा दशरथ ने मन्त्रियों को आदेश दिया कि वे मिथिला से आये हुये अतिथियों का उचित सत्कार करें और उनके खान पान, ठहरने आदि का समुचित प्रबन्ध करें। इसके पश्चात् वे स्वयं राजप्रासाद के अन्तःपुर में पहुँचे और तीनों रानियों को बुलाकर यह शुभ संवाद सुनाया। शीघ्र ही यह समाचार सम्पूर्ण अयोध्या नगरी में फैल गया। घर-घर में मंगलगान होने लगे। नृत्य-संगीत का आयोजन होने लगा।

महाराज की आज्ञा पाकर मन्त्रीगण तथा भृत्यगण विवाह की तैयारियों में जुट गये। जन-जन के मन में अद्भुत उत्साह था। ऐसा प्रतीत होता था जैसे प्रत्येक व्यक्ति के भीतर विद्युत का संचार हो गया है। सभी लोग अभूतपूर्व द्रुतगति से समस्त कार्यों को सम्पन्न कर रहे थे। अद्धरात्रि होते होते चलने की सारी तैयारियाँ पूर्ण हो गईं और दूसरे दिन दल-बल के साथ राजा दशरथ रवाना हो गये। चार दिनों तक चलने के पश्चात् बारात मिथिला पुरी पहुँची। यह ज्ञात होते ही कि अयोध्या नरेश ऋषि-मुनियों, मन्त्रियों, परिजनों एवं अपनी सम्पूर्ण मण्डली के साथ नगर के निकट आ पहुँचे हैं मिथिला नरेश जनक अपने मन्त्रियों, पुरोहित, मुनियों, विद्वानों आदि को साथ लेकर उनकी अगवानी के लिये नगर के मुख्य द्वार पर जा पहुँचे। उन्होने बड़े आदर के साथ राजा दशरथ की अभ्यर्थना करते हुये कहा, "हे नृपश्रेष्ठ! आपके दर्शन करके मैं कृतज्ञ हुआ और आपके पदार्पण करने से जनक पुरी की भूमि धन्य हुई। आपने सीता को अपनी कुलवधू के रूप में स्वीकार करके मेरे वंश को सम्मानित किया है। यह मेरा अहोभाग्य है कि आज मिथिला पुरी में महर्षि वशिष्ठ, वामदेव, मार्कण्डेय एवं कात्यायन जैसे परम तपस्वी महात्माओं के चरण पड़े हैं। मैं नहीं समझ पा रहा हूँ कि इस असाधारण सम्मान को पाकर किस प्रकार अपने भाग्य की सराहना करूँ।"

इस प्रकार समस्त आगत महानुभावों का सत्कार करके महाराज दशरथ को उनके साथ आये हुये ऋषि-मुनियों, बन्धु-बांधवों, मन्त्रियों एवं सैनिकों को जनवासे में ठहराने की उचित व्यवस्था की। जनवासे में राजा दशरथ बहुत देर तक मुनि विश्वामित्र और अपने दोनों पुत्रों के साथ बैठे हुये उनके कृत्यों और पराक्रम का विवरण सुनते रहे। इस विवरण को सुनकर कभी वे आनन्द से रोमांचित हो जाते, कभी आश्चर्य से दाँतो तले उँगली दबाने लगते और कभी प्रशंसा से अपने राजकुमारों की पीठ थपथपाने लगते। बातचीत करने के पश्चात् भोजनादि से निवृत होकर वे विश्राम करने चले गये।

4

विवाह पूर्व की औपचारिकताएँ

महाराज जनक के कनिष्ठ भ्राता कुशध्वज सांकाश्यपुरी में रहकर राज्य का प्रबन्ध किया करते थे। सीता के विवाह का समाचार पाकर महाराज वे भी सांकाश्यपुरी से मिथिला आ गये। अपने अग्रज महाराज जनक तथा गुरु शतानन्द जी को प्रणाम करने के पश्चात् वे बोले, "हे भ्राता! अयोध्यापति पधार चुके हैं इसलिये अब विवाह सम्बंधी कार्यों का शुभारम्भ कर देना चाहिये।"

इस पर जनक जी ने शतानन्द जी से कहा, "हे गुरुवर! भाई कुशध्वज के कहने के अनुसार हमें शुभ रीतियों और विधि-विधानों के अनुसार कार्य प्रारम्भ करना चाहिये। अतः आप शीघ्र जाकर अयोध्यापति महाराज दशरथ को राजकुमारों सहित आदरपूर्वक यहाँ लिवा लाइये।" शतानन्द जी जनवासे में महाराज दशरथ के पास पहुँचे और उनसे आदरपूर्वक बोले, "महाराजाधिराज! मिथिला नरेश महाराज जनक अपने कनिष्ठ भ्राता कुशध्वज, परिजनों एवं समस्त मन्त्रियों के साथ आपके दर्शनों के लिये उत्सुक हैं और अपने दरबार में आपकी प्रतीक्षा कर रहे हैं। इसलिये आप अपने मन्त्रियों सहित पधार कर उन्हें कृतार्थ कीजिये।"

राजा जनक का संदेश पाकर राजा दशरथ गुरु वशिष्ठ, मन्त्रियों एवं राजकुमारों के साथ वहाँ पहुँचे जहाँ राजा जनक उनकी प्रतीक्षा कर रहे थे। मिथिलापति ने खड़े होकर उन सबका स्वागत किया और उन्हें बैठने के लिये यथोचित स्थान प्रदान किया। जब सब अपने-अपने स्थानों पर विराजमान हो गये तो इक्ष्वाकु वंश के गुरु वशिष्ठ जी ने राजकुमारों का गोत्र पढ़ना प्रारम्भ किया जो इस प्रकार था -

"आदि रूप स्वयंभू ब्रह्मा जी से मरीचि का जन्म हुआ। मरीचि के पुत्र कश्यप हुये। कश्यप के विवस्वान् और विवस्वान् के वैवस्वत मनु हुये। वैवस्वत मनु के पुत्र इक्ष्वाकु हुये। इक्ष्वाकु ने अयोध्या को अपनी राजधानी बनाया और इस प्रकार इक्ष्वाकु कुल की स्थापना की। इक्ष्वाकु के पुत्र कुक्षि हुये। कुक्षि के पुत्र का नाम विकुक्षि था। विकुक्षि के पुत्र बाण और बाण के पुत्र अनरण्य हुये। अनरण्य से पृथु और पृथु से त्रिशंकु का जन्म हुआ। त्रिशंकु के पुत्र

धुन्धुमार हुये। धुन्धुमार के पुत्र का नाम युवनाश्व था। युवनाश्व के पुत्र मान्धाता हुये और मान्धाता से सुसन्धि का जन्म हुआ। सुसन्धि के दो पुत्र हुये – ध्रुवसन्धि एवं प्रसेनजित। ध्रुवसन्धि के पुत्र भरत हुये। भरत के पुत्र असित हुये और असित के पुत्र सगर हुये। सगर के पुत्र का नाम असमञ्ज था। असमञ्ज के पुत्र अंशुमान तथा अंशुमान के पुत्र दिलीप हुये। दिलीप के पुत्र भगीरथ हुये, इन्हीं भगीरथ ने अपनी तपोबल से गंगा को पृथ्वी पर लाया। भगीरथ के पुत्र ककुत्स्थ और ककुत्स्थ के पुत्र रघु हुये। रघु के अत्यंत तेजस्वी और पराक्रमी नरेश होने के कारण उनके बाद इस वंश का नाम रघुवंश हो गया। रघु के पुत्र प्रवृद्ध हुये जो एक शाप के कारण राक्षस हो गये थे, इनका दूसरा नाम कल्माषपाद था। प्रवृद्ध के पुत्र शंखण और शंखण के पुत्र सुदर्शन हुये। सुदर्शन के पुत्र का नाम अग्निवर्ण था। अग्निवर्ण के पुत्र शीघ्रग और शीघ्रग के पुत्र मरु हुये। मरु के पुत्र प्रशुश्रुक और प्रशुश्रुक के पुत्र अम्बरीष हुये। अम्बरीष के पुत्र का नाम नहुष था। नहुष के पुत्र ययाति और ययाति के पुत्र नाभाग हुये। नाभाग के पुत्र का नाम अज था। अज के पुत्र दशरथ हुये और दशरथ के ये चार पुत्र रामचन्द्र, भरत, लक्ष्मण तथा शत्रुघ्न हैं।"

इक्ष्वाकु कुल का वर्णन करने के पश्चात् वशिष्ठ जी ने कहा, "हे राजन्! अब आप भी अपनी वंश परम्परा का परिचय दीजिये क्योंकि विवाह जैसे मांगलिक अवसरों पर दोनों ही कुल अपने-अपने वंश का परिचय देते हैं।"

महाराज जनक बोले, "महर्षि! आपने सर्वथा उचित बात कही है। अब मैं भी अपने कुल का परिचय देता हूँ। प्राचीन काल में निमि नामक एक धर्मात्मा राजा थे। उनके मिथि नामक पुत्र हुआ जिन्होंने मिथिला बसाई। मिथि के पुत्र का नाम जनक था, उन्हीं के नाम पर मिथिला के राजा लोग जनक कहलाते हैं। जनक के पुत्र उदावसु और उदावसु के पुत्र नन्दिवर्धन हुये। नन्दिवर्धन के पुत्र का नाम शूरवीर था। शूरवीर के पुत्र सुकेतु और सुकेतु के पुत्र देवरात हुये। देवरात के पुत्र का नाम बृहद्रथ था। बृहद्रथ के पुत्र महावीर और महावीर के पुत्र सुधृति हुये। सुधृति के पुत्र का नाम धृष्टकेतु था। धृष्टकेतु के पुत्र हर्यश्व और हर्यश्व के पुत्र मरु हुये। मरु के यहाँ प्रतीन्धक की उत्पत्ति हुई। प्रतीन्धक के पुत्र कीर्तिरथ, कीर्तिरथ के पुत्र देवमीढ़, देवमीढ़ के पुत्र विबुध और विबुध के पुत्र महीन्धक हुये। महीन्धक के पुत्र का नाम कीर्तिरथ था। कीर्तिरथ के पुत्र महारोमा, महारोमा के पुत्र स्वर्णरोमा और स्वर्णरोमा के पुत्र ह्स्वरोमा हुये। ह्स्वरोमा के दो पुत्र हुये। उनमें से बड़ा मैं हूँ और मुझसे छोटा कुशध्वज है। हम दोनों भाई इसी प्रदेश में रहकर राजकाज सम्भालते थे। कुछ काल पहले सांकाश्य के पराक्रमी राजा सुधन्वा ने मिथिला पर आक्रमण कर दिया। वह चाहता था कि मैं सीता का विवाह उसके साथ कर दूँ। मैंने उसकी माँग पूरी नहीं की इसलिये उसके साथ मेरा युद्ध हुआ जिसमें सुधन्वा मेरे हाथ से मारा गया। तब से मेरा कनिष्ठ भ्राता कुशध्वज सांकाश्य पर शासन करता है और मैं मिथिला पर। मैं अपनी बड़ी पुत्री सीता का विवाह राजकुमार रामचन्द्र के साथ और छोटी पुत्री उर्मिला का विवाह उनके कनिष्ठ भ्राता लक्ष्मण के साथ करना चाहता हूँ। मैं तीन बार इस बात को दुहराकर अपनी दोनों कन्याएँ आपको वधुओं के रूप में समर्पित करता हूँ।" फिर

वे राजा दशरथ से कहने लगे, "हे नृपश्रेष्ठ! अब आप इनसे गौ दान कराकर नान्दीमुख श्राद्ध का कार्य सम्पन्न कीजिये। इसके पश्चात् लोक प्रचलित पद्धति के अनुसार विवाह का कार्य आरम्भ कीजिये। यह अवसर सर्वथा उपयुक्त एवं कल्याणकारी है। आज मघा नक्षत्र है, आज से तीसरे दिन फाल्गुनी नक्षत्र होगा। इससे अधिक उपयुक्त समय विवाह के लिये दूसरा नहीं हो सकता। आप इन दोनों भाइयों के अभ्युदय के लिये गौ, भूमि, स्वर्ण, तिल आदि का दान कराइये।"

राजा जनक के कथन समाप्त होने पर महामुनि विश्वामित्र बोले, "हे राजन्! आप और राजा दशरथ दोनों के ही कुल पूर्णतया धर्मपरायण, कीर्तियुक्त एवं समान हैं। अतः इन दोनों कुलों में विवाह सम्बंध सर्वथा उपयुक्त है। सीता और उर्मिला भी राम और लक्ष्मण के सर्वथा उपयुक्त हैं। आपके कनिष्ठ भ्राता कुशध्वज भी आपकी ही भाँति धर्मपरायण एवं प्रतिभासम्पन्न हैं। इनकी भी दो रूपवती, सुन्दर एवं विवाह योग्य कन्याएँ हैं। हे नरश्रेष्ठ! मैं चाहता हूँ उनका भी विवाह महाराज दशरथ के दो योग्य और पराक्रमी पुत्रों, भरत और शत्रुघ्न, के साथ हो जाये।"

विश्वामित्र की बात सुनकर जनक बोले, "हे मुनिवर! आपके इस आदेश को स्वीकारते हुये मैं अपने कुल को धन्य समझता हूँ। आप भरत और शत्रुघ्न को आज्ञा दीजिये कि वे कुशध्वज की दोनों कन्याओं, माण्डवी एवं श्रुतकीर्ति, को अपनी-अपनी पत्नी के रूप में स्वीकार करें।

इसके बाद मिथिला नरेश से अनुमति लेकर राजा दशरथ वशिष्ठ जी और विश्वामित्र जी के सा जनवासे में लौट गये। दूसरे दिन चारों राजकुमारों ने याचकों को एक एक लाख स्वर्ण मण्डित सींगों वाली गौएँ दान दीं और भी बहुत सारा धन, आभूषण, रत्न आदि ब्रह्मणों को दान दिये।

5

विवाह

दान आदि से निवृत होकर महाराज दशरथ मिथिलेश के राजभवन में जाने की तैयारी करने लगे। तभी भरत के मामा अर्थात् राजा कैकेय के पुत्र युधाजित वहाँ आ पहुँचे। अभिवादन तथा कुशल समाचार जानने की औपचारिकता के पश्चात् उन्होंने कैकेय नरेश का सन्देश देते हुये कहा, "महाराज! हमारे पिताजी को भरत को देखने की उत्कट इच्छा हो रही है। अतः कृपा करके आप कुछ दिन के लिये भरत को मेरे साथ उनके ननिहाल भेज दें।

इस संदेश को लेकर मैं अयोध्या गया था किन्तु वहाँ पर ज्ञात हुआ कि आप जनक पुरी गये हुये हैं इसलिए मैं भी यहाँ आ गया। महारज दशरथ ने युधाजित का समुचित सत्कार किया और उन्हें सारा वृतान्त सुनाया फिर उन्हें लेकर ऋषियों, मन्त्रियों एवं बन्धु-बान्धवों सहित यज्ञशाला के द्वार पर पहुँचे। थोड़ी देर बाद नाना प्रकार के आभूषणों को धारण किये हुये रामचन्द्र अपने भाइयों भरत, लक्ष्मण और शत्रुघ्न के साथ उनके पास आकर खड़े हो गये। गुरु वशिष्ठ ने जनक के पास जाकर कहा, "हे विदेहराज! महाराज दशरथ अपने पुत्रों के साथ अन्दर आने की अनुमति चाहते हैं।"

इस पर महाराज जनक बोले, "हे महर्षि! इस प्रकार अनुमति माँग कर वे मुझे क्यों लज्जित कर रहे हैं। वे अयोध्या के ही नहीं मिथिला पुरी के भी स्वामी हैं और मैं तो उनका अकिंचन दास हूँ। क्या कभी स्वामी अपने सेवक से आज्ञा माँगता है? उनसे कहिये चारों कन्याएँ विवाह वेदी पर प्रतीक्षारत हैं। वे निःसंकोच अन्दर पधारने का कष्ट करें। शुभ लग्न का समय भी हो रहा है। मैं स्वयं चलकर उन्हें सादर ले आता हूँ। इतना कहकर वे महाराज दशरथ के पास पहुँचे और उन सबको यज्ञ स्थल में ले आये। सबको यथोचित आसन देकर जनक ने उनकी पूजा की। फिर वशिष्ठ जी से बोले, "हे ब्रह्मर्षि! आप इन ऋषि-मुनियों के साथ विवाह कार्य सम्पन्न कराइये। आपसे अधिक योग्य पुरोहित और कौन हो सकता है?"

गुरु वशिष्ठ, महर्षि विश्वामित्र और मिथिला के राजपुरोहित शतानन्द विवाह कार्य सम्पन्न कराने लगे। सबसे पहले वैदिक विधि के अनुसार विवाह के लिये वेदी का निर्माण कराया गया। फिर अनेक प्रकार के सुगन्धयुक्त फूलों से उसे सजाया गया। कुछ दूरी पर

चारों ओर गमले सजाये गये जिनमें चित्त को प्रसन्न करने वाली सुगन्धित रंग बिरंगे फूल लगे हुये थे। वेदी के निकट कई स्थानों पर स्वर्ण पात्रों में धूप, केशर, नैवेद्य, अक्षत, घी, दही, शहद आदि सामग्री रखी हुई थी। यज्ञ सम्पन्न कराने वाले महानुभावों के लिये कुश के आसन बिछा दिया गये। गुरु वशिष्ठ एवं अन्य महर्षियों ने वेद मन्त्रों का उच्चारण करते हुये हवन कुण्ड में अग्नि प्रज्जवलित की।

फिर वशिष्ठ जी के आदेश पर राजप्रासाद की महिलाओं ने जनककुमारी सीता को लाकर यज्ञ वेदी के निकट खड़ा कर दिया। उस समय सीता जी का मुखमण्डल प्रातःकालीन बाल रवि की भाँति अनुपम सौन्दर्य से देदीप्यमान हो रहा था। नख से शिख तक वे बहुमूल्य रत्नजटित आभूषणों से सजी हुई थीं। संक्षेप में कहा जाय तो उस समय सीता की छवि को देखकर करोड़ रतियों का संयुक्त रूप भी नगण्य प्रतीत होता था। सीता इन सब बातों से अनजान दृष्टि झुकाये एकटक पृथ्वी को निहार रही थीं।

महाराज जनक अपनी लाडली पुत्री सीता को श्री रामचन्द्र के निकट खड़ा करके विनीत स्वर में बोले, "हे रघुकुलतिलक रामचन्द्र! मैं अपनी पुत्री सीता का हाथ आपके सशक्त हाथों में सौंपते हुये यह कामना करता हूँ कि मेरी पुत्री आपकी अद्धार्गिनी होकर सदैव छाया की भाँति आपका अनुसरण करती रहे। अतः हे कौशल्याकुमार! इसे आप अपनी पत्नी के रूप में स्वीकार कीजिये। आज से यह आपके सुख-दुःख की संगिनी हुई। यह कहकर राजा जनक ने अंजलि में संकल्प के लिये लिया हुआ जल वेद मन्त्रों से पवित्र करके हृदय की सम्पूर्ण भावनाओं के साथ छोड़ दिया। महिलायें मंगलगान करने लगीं। मृदंग दुंदुभी तथा नाना प्रकार के वाद्य यन्त्रों का सुमधुर स्वर चारों ओर गूंजकर इस हर्ष पूर्ण घटना की सूचना देने लगा।

राम और सीता के विवाह के सम्पन्न हो जाने के पश्चात् लक्ष्मण, भरत और शत्रुघ्न का विवाह उर्मिला, माण्डवी और श्रुतकीर्ति के साथ वैदिक विधि विधान से सम्पन्न कराया गया। राजा जनक अपने नेत्रों में स्नेहपूर्ण अश्रु भर कर बोले, "हे अयोध्या के राजकुमारों! आप चारों भाई सूर्यकुल के गौरव, पराक्रमी, धर्मपरायण, तेजस्वी, सौम्य, विद्वान एवं सदाचार के गुणों से मण्डित हैं। जनक पुरी के इस राजकुल की हार्दिक कामना है कि उसकी ये चारों कन्याएँ गुण, कर्म, स्वभाव से आपके अनुकूल बनकर सब प्रकार से आपकी सुयोग्य अद्धार्गिनियाँ सिद्ध हों। इसके पश्चात् वशिष्ठ जी की आज्ञा से चारों राजकुमारों ने अपने अपनी नवविवाहित पत्नियों के साथ अग्नि की प्रदक्षिणा की।

विवाह सम्पन्न होने के पश्चात् महाराज दशरथ समस्त मन्त्रियों, ऋषि-मुनियों और सपत्नीक राजकुमारों के साथ अपने ठहरने के स्थान पर चले गये। जनक पुरी में रात्रि विश्राम करके प्रातःकाल मुनि विश्वामित्र विदा लेकर उत्तराखण्ड की ओर चले गये। महाराज जनक ने दहेज के रूप में असंख्य दास दासियाँ, हाथी, घोड़े, गौएँ, रत्नजटित आभूषण, वस्त्र, बर्तन आदि नाना प्रकार की वस्तुयें देकर अयोध्यापति दशरथ को विदा किया और उन्हें पहुँचाने के लिये नगर के द्वार तक आये। वे हाथ जोड़ कर बड़ी नम्रता के साथ बोले, "हे

राजन्! मुझे सब प्रकार से अपना दास समझकर मुझ पर कृपा बनाये रखिये। मैं एक बार फिर आभारपूर्वक कहना चाहता हूँ कि आपने मेरे कुल के साथ सम्बंध स्थापित करके मुझे गौरवान्वित किया है। मेरी कन्याएँ आपकी आज्ञाकारिणी एवं दोनों कुलों का गौरव बढ़ाने वाली हों। यही मेरी मनोकामना है।" फिर उन्होंने तथा कुशध्वज ने अश्रुपूर्ण नेत्रों से चारों कन्याओं को आशीर्वाद देते हुये विदा किया।

6

परशुराम जी का आगमन

राजा दशरथ ने राजकुमारों, उनकी पत्नियों, ऋषि-महर्षियों, मन्त्रियों एवं परिजनों के साथ अयोध्या के लिये प्रस्थान किया। प्रस्थान करते ही सभी ओर भयंकर शब्द करने वाले पक्षियों आवाजें सुनाई देने लगीं। पृथ्वी पर विचरण करने वाले वन्य पशु उनकी बाँईं ओर दौड़ने लगे। इस पर दशरथ ने वशिष्ठ जी से कहा, "गुरुदेव! यह कैसी माया है। जहाँ पक्षियों का भयंकर स्वर अपशकुन का सूचक है वहीं मृगों का बाँयें होकर जाना शुभ शकुन की सूचना देता है। दोनों प्रकार के शकुन एक साथ क्यों हो रहे हैं?"

महाराज दशरथ के इस प्रश्न के उत्तर में वशिष्ठ जी बोले, "पक्षियों के भयंकर ध्वनि से ज्ञात होता है कि कोई भय उत्पन्न करने वाली घटना घटने वाली है और मृग आदि पशुओं के इस प्रकार जाने से पता चलता है कि वह भयानक घटना सरलता से शान्त हो जायेगी। इसलिये आप किसी प्रकार की चिन्ता न करें।"

यह वार्तालाप अभी चल ही रहा था कि बड़े जोरों की आँधी आई परिणामस्वरू वृक्ष पृथ्वी पर गिरने लगे। तभी राजा दशरथ को भृगुकुल के ऋषि परशुराम दृष्टिगत हुए। उनकी वेशभूषा बड़ी भयंकर थी। बड़ी बड़ी जटायें उनके तेजस्वी मुख पर बिखरी हुई थीं नेत्रों में क्रोध की लालिमा थी। कन्धे पर कठोर फरसा और हाथों में धनुष बाण थे। ऋषियों ने आगे बढ़ कर उनका स्वागत किया और इस स्वागत को स्वीकार करने के उपरान्त वे श्री रामचन्द्र से बोले "दशरथनन्दन राम! हमें ज्ञात हुआ है कि तुम बड़े पराक्रमी हो और तुमने शिव जी के धनुष को भंग कर दिया है और इस प्रकार तुमने अपूर्व ख्याति प्राप्त की है। मैं तुम्हारे लिये एक और अच्छा धनुष लाया हूँ। यह धनुष साधारण नहीं है बल्कि जमदग्निकुमार परशुराम का है। इस पर बाण चढ़ाकर तुम अपने शौर्य का परिचय दो। तुम्हारे बल और शौर्य को देखने के पश्चात् मैं तुमसे द्वन्द्व युद्ध करूँगा।

परशुराम की बात सुनकर राजा दशरथ विनीत स्वर में बोले, "भगवन्! आप वेदविद् स्वाध्यायी ब्राह्मण हैं। क्षत्रियों का विनाश करके आप बहुत पहले ही अपने क्रोध को शान्त कर चुके हैं। आपने इन्द्र के समक्ष प्रतिज्ञा करके अस्त्र-शस्त्र का परित्याग भी कर दिया है।

इसलिये हे ऋषिराज! आप इन बालकों को अभय दान दीजिये। यदि आपके हाथों राम मारा गया तो हममें से कोई भी उसके वियोग में जीवित नहीं रह सकेगा।"

परशुराम जी ने दशरथ की बात पर कुछ भी ध्यान नहीं दिया। वे राम से बोले, "राम! संसार में केवल दो ही धनुष सर्वश्रेष्ठ माने जाते हैं। सारा संसार उनका सम्मान करता हैं। विश्वकर्मा ने उन दोनों को स्वयं अपने हाथों से बनाया था। उनमें से एक भगवान शिव के पास था और उसी से भगवान शिव ने त्रिपुरासुर का वध किया था। तुमने उसी धनुष को तोड़ डाला है। दूसरा दिव्य धनुष मेरे हाथ में है। यह भगवान विष्णु का धनुष है। यह भी पिनाक की भाँति ही शक्तिशाली है। एक बार शिव और विष्णु में भयंकर युद्ध हुआ। विष्णु को देवताओं ने श्रेष्ठ मानकर शान्त किया। शान्त होने पर विष्णु ने भृगुवंशी ऋचीक मुनि को धरोहर के रूप में वह धनुष दे दिया। अपने पूर्वपुरुषों से यह धनुष मुझे प्राप्त हुआ है। अब तुम एक क्षत्रिय के नाते इस धनुष को लेकर इस पर बाण चढ़ाओ और सफल होने पर मेरे साथ द्वन्द्व युद्ध करो।"

इस प्रकार से परशुराम के द्वारा बार-बार ललकारे जाने पर रामचन्द्र बोले, "हे भार्गव! मैं ब्राह्मण समझकर आपका सम्मान कर रहा हूँ और आपके समक्ष कुछ विशेष बोल नहीं रहा हूँ। किन्तु आप मेरी इस विनयशीलता को पराक्रमहीनता एवं कायरता समझ रहे हैं और मेरा तिरस्कार कर रहे हैं। लाइये, धनुष बाण मुझे दीजिये।"

यह कह कर उन्होंने झपटकर परशुराम के हाथ से धनुष बाण ले लिये और धनुष पर बाण चढ़ाकर बोले, "हे भृगुनन्दन! ब्राह्मण होने के कारण आप मेरे पूज्य हैं। इसीलिये इस बाण को मैं आप पर नहीं छोड़ सकता। परन्तु धनुष पर चढ़ने के बाद यह बाण कभी निष्फल नहीं जाता। इसका कहीं न कहीं उपयोग करना अनिवार्य हो जाता है। इसलिये मैं इस बाण को छोड़ कर आपकी शीघ्रतापूर्वक सर्वत्र आने-जाने की शक्ति को नष्ट किये देता हूँ।"

श्री राम की बात सुनकर शक्तिहीन हो गए परशुराम जी विनयपूर्वक कहने लगे, "बाण छोड़ने से पूर्व मेरी एक बात सुन लीजिये। क्षत्रियों को नष्ट करके मैंने यह भूमि कश्यप जी को दान में दी थी। उस समय उन्होंने मुझसे कहा था कि अब तुम्हें पृथ्वी पर नहीं रहना चाहिये क्योंकि तुमने पृथ्वी का दान कर दिया है। तभी से मैं गुरुवर कश्यप जी की आज्ञा का पालन करता हुआ कभी भी रात्रि में पृथ्वी पर वास नहीं करता।

अतः हे राम! कृपा करके मेरी गमन शक्ति को नष्ट मत करो। मैं मन के समान गति से महेन्द्र पर्वत पर चला जाऊँगा। मुझे ज्ञात है कि इस बाण का प्रयोग निष्फल नहीं जाता, इसलिये आप इस बाण के द्वारा उन अनुपम लोकों को नष्ट कर दें जिन पर मैंने अपनी तपस्या से विजय प्राप्त की है। आपने जिस सरलता से इस धनुष पर बाण चढ़ा दिया है, उससे मुझे विश्वास हो गया है कि आप मधु राक्षस का संहार करने वाले साक्षत विष्णु हैं।"

राम ने परशुराम की प्रार्थना को स्वीकार किया और उनके द्वारा तपस्या के बल पर अर्जित समस्त पुण्यलोकों को नष्ट कर दिया। इसके पश्चात् परशुराम जी तपस्या करने के लिये महेन्द्र पर्वत पर चले गये और वहाँ उपस्थित सभी ऋषि-मुनियों सहित राजा दशरथ ने

रामचन्द्र की भूरि भूरि प्रशंसा की।

7

दण्डक वन में विराध वध

सीता और लक्ष्मण के साथ राम ने दण्डक वन में प्रवेश किया। वहाँ पर उन्हें ऋषि-मुनियों के अनेक आश्रम दृष्टिगत हुये। वह क्षेत्र अत्यन्त मनोरम था। वहाँ पर बड़ी बड़ी यज्ञशालाएँ थीं तथा हवन-सामग्री भी प्रचुर मात्रा में उपलब्ध था। उन आश्रमों में तेजस्वी ऋषि-मुनि अपनी आध्यात्मिक साधना में लिप्त रहा करते थे। वीर तपस्वियों के वेश में राम-लक्ष्मण को देखकर वे समस्त ऋषि-मुनि अत्यन्त प्रसन्न हुये।

राम, सीता और सीता का समुचित सत्कार करने के पश्चात् वे बोले, "हे राघव! यद्यपि आप वन में हैं किन्तु हमारे लिये आप ही राजा हैं। हम वनवासियों की रक्षा करना आपका परम कर्तव्य है। आत्मचिन्तन में व्यस्त रहने वाले यहाँ के निवासी तपस्वियों को दुष्ट राक्षस निर्विघ्न रूप से ईश्वर आराधना नहीं करने देते। वे उनकी तपस्यामें विघ्न तो डालते ही हैं साथ ही साथ निरपराध तपस्वियों की हत्या भी कर डालते हैं। इसलिये हम आपसे आग्रह करते हैं कि हे रघुनन्दन! आप उनसे हमारी रक्षा करें।

रामचन्द्र ने उन्हें आश्वस्त किया कि वे शीघ्र ही इन राक्षसों का विनाश कर इस क्षेत्र को निरापद कर देंगे। वहाँ से उन्होंने महावन में प्रवेश किया जहाँ नाना प्रकार के हिंसक पशु और नरभक्षक राक्षस निवास करते थे। ये नरभक्षक राक्षस ही तपस्वियों को कष्ट दिया करते थे। कुछ ही दूर जाने के बाद बाघम्बर धारण किये हुये एक पर्वताकार राक्षस दृष्टिगत हुआ। वह राक्षस हाथी के समान चिंघाड़ता हुआ सीता पर झपटा। उसने सीता को उठा उठा लिया और कुछ दूर जाकर खड़ा हो गया।

उसने राम और लक्ष्मण को सम्बोधित करते हुए कहा, "तुम धनुष बाण लेकर दण्डक वन में घुस आये हो। ऐसा प्रतीत होता है कि तुम्हारी मृत्यु निकट आ गई है। तुम दोनों कौन हो? क्या तुमने मेरा नाम नहीं सुना? मैं प्रतिदिन ऋषियों का माँस खाकर अपनी क्षुधा शान्त करने वाला विराध हूँ। तुम्हारी मृत्यु ही तुम्हें यहाँ ले आई है। मैं तुम दोनों का अभी रक्तपान करके इस सुन्दर स्त्री को अपनी पत्नी बनाऊँगा।"

उसके दम्भयुक्त वचनों को सुनकर राम लक्ष्मण से बोले, "भैया! विराध के चंगुल में फँसकर सीता अत्यन्त भयभीत एवं दुःखी हो रही है। मेरे लिये यह बड़ी लज्जाजनक बात है कि कोई अन्य व्यक्ति उसका स्पर्श करे। पिताजी की मृत्यु तथा अपने राज्य के अपहरण से मुझे इतना दुःख नहीं हुआ जितना आज भयभीत सीता को देखकर हो रहा है। मुझे यह भी नहीं सूझ रहा है कि इस दुष्ट से सीता की कैसे रक्षा करूँ।"

राम को इस प्रकार दीन वचन कहते सुनकर लक्ष्मण ने क्रुद्ध होकर कहा, "भैया! आप तो महापराक्रमी हैं। आप इस प्रकार अनाथों की भाँति क्यों बात कर रहे हैं? मैं अभी इस दुष्ट राक्षस का संहार करता हूँ।"

फिर विराध से बोले, "रे दुष्ट! अपनी मृत्यु के पूर्व तू हमें अपना परिचय दे और अपने कुल का नाम बता।"

विराध ने हँसते हुये कहा, "यदि तुम मेरा परिचय जानना ही चाहते हो तो सुनो! मैं जय राक्षस का पुत्र हूँ। मेरी माता का नाम शतह्रदा है। मुझे ब्रह्मा जी से यह वर प्राप्त है कि किसी भी प्रकार का अस्त्र-शस्त्र न तो मेरी हत्या ही कर सकती है और न ही उनसे मेरे अंगों छिन्न-भिन्न हो सकते हैं। यदि तुम इस स्त्री को मेरे पास छोड़ कर चले जाओगे तो मैं तुम्हें वचन देता हूँ कि मैं तुम्हें नहीं मारूँगा।"

विराध के वचनों से क्रोधित राम ने उसे तत्काल तीक्ष्ण बाणों से बेधना आरम्भ कर दिया। राम के बाण विराध के शरीर को छेदकर रक्तरंजित हो पृथ्वी पर गिरने लगे। इस प्रकार जब घायल होकर विराध त्रिशूल ले राम और लक्ष्मण पर झपटा तो दोनों भाइयों ने उस पर अग्निबाणों की वर्षा आरम्भ कर दी, किन्तु विराध पर उनका कुछ भी प्रभाव नहीं पड़ा। वे केवल उसके त्रिशूल को ही काट सके। फिर जब भयंकर तलवारों से दोनों भाइयों ने उस पर आक्रमण किया तो वह सीता को छोड़ राम और लक्ष्मण को दोनों भुजाओं में पकड़कर आकाशमार्ग से उड़ चला।

राम ने लक्ष्मण से कहा, "भाई! हमें जिस ओर यह राक्षस ले जा रहा है, बिना विरोध के हमें उधर ही चले जाना चाहिये, यही हमारे लिये उचित है।"

विराध द्वारा राम-लक्ष्मण को ले जाते देख सीता विलाप करके कहने लगी, "हे राक्षसराज! इन दोनों भाइयों को छोड़ दो। मैं तुमसे प्रार्थना करती हूँ मैं तुम्हारे साथ चलने को तैयार हूँ।"

सीता के आर्तनाद करने पर क्रोधित हो कर दोनों भाइयों ने विराध की एक-एक बाँह मरोड़कर तोड़ डाली। वह मूर्छित होकर पृथ्वी पर गिर पड़ा। लक्ष्मण उसे सचेत कर कर के बार-बार उठा-उठा कर पटकने लगे। वह घायल होकर चीत्कार करने लगा।

तभी राम बोले, "लक्ष्मण! वरदान के कारण यह दुष्ट मर नहीं सकता। इसलिये यही उचित है कि हमें भूमि में गड्ढा खोदकर इसे बहुत गहराई में गाड़ देना चाहिये।"

लक्ष्मण गड्ढा खोदने लगे और राम विराध की गर्दन पर पैर रखकर खड़े हो गये।

तब विराध बोला, "प्रभो! वास्तव में मैं तुम्बुरू नाम गन्धर्व हूँ। कुबेर ने मुझे राक्षस होने का शाप दिया था। मैं शाप के कारण राक्षस हो गया था। आज आपकी कृपा से मुझे उस शाप से मुक्ति मिल रही है।"

राम और लक्ष्मण ने उसे उठाकर गड्ढे में डाल दिया और गड्ढे को पत्थर आदि से पाट किया। सारा वन प्रान्त उसके आर्तनाद से गूँज उठा।

8
महर्षि शरभंग

भयंकर बलशाली विराध राक्षस का वध करने के पश्चात् राम, सीता और लक्ष्मण महर्षि शरभंग के आश्रम में पहुँचे। महर्षि शरभंग अत्यन्त वृद्ध थे। उनका शरीर जर्जर हो चुका था। ऐसा प्रतीत होता था कि उनका अन्त-काल निकट है। सीता और लक्ष्मण सहित राम ने महर्षि के चरणस्पर्श किया और उन्हें अपना परिचय दिया। महर्षि शरभंग ने उनका सत्कार करते हुए कहा, "हे राम! इस वन-प्रान्त में कभी-कभी ही तुम जैसे अतिथि आते हैं। अपना शरीर त्याग करने के पहले मैं तुम्हारा दर्शन करना चाहता था। इसलिये तुम्हारी ही प्रतीक्षा में मैंने अब तक अपना शरीर नहीं त्यागा था। अब तुम्हारे दर्शन हो गये, इसलिये मैं इस नश्वर एवं जर्जर शरीर का परित्याग कर ब्रह्मलोक में जाऊँगा। मेरे शरीर त्याग करने के बाद तुम इस वन में निवास करने वाले महामुनि सुतीक्ष्ण के पास चले जाना, वे ही तुम्हारा कल्याण करेंगे।"

इतना कह कर महर्षि ने विधिवत अग्नि की स्थापना करके उसे प्रज्वलित किया और घी की आहुति देकर मंत्रोच्चार करते हुये स्वयं अपने शरीर को अग्नि को समर्पित करके ब्रह्मलोक को गमन किया।

महामुनि शरभंग के ब्रह्मलोक गमन के पश्चात् आश्रम की निकटवर्ती कुटियाओं में निवास करने वाले ऋषि-मुनियों ने वहाँ आकर रामचन्द्र से प्रार्थना की, "हे राघव! क्षत्रिय नरेश होने के नाते हम लोगों की रक्षा करना आपका कर्तव्य है। जो हमारी रक्षा करता है उसे भी हमारी तपस्या के चौथाई भाग का फल प्राप्त होता है। किन्तु दुःख की बात यह है कि आप जैसे धर्मात्मा राजाओं के होते हुये भी राक्षसजन हमें अनाथों की तरह सताते हैं और हमारी हत्या तक कर देते हैं। इन राक्षसों ने पम्पा नदी और मन्दाकिनी नदियों के क्षेत्रों तथा चित्रकूट पर्वत में भयानक उपद्रव मचा रखा है।

उनके उपद्रव के कारण तपस्वियों के लिये तपस्या करना ही नहीं जीना भी दूभर हो गया है। ये समाधिस्थ तपस्वियों को मृत्यु के मुख में पहुँचा देते हैं। इसीलिये हम आपकी शरण में आये हैं। आप इस असह्य कष्ट और अपमान से हमारी रक्षा करें और हमें निर्भय होकर

तप करने का अवसर दें।"

राम बोले, "हे ऋषि-मुनियों! आपके कष्टों के विषय में सुनकर मैं अत्यन्त व्यथित हुआ हूँ। पिता की आज्ञा से अभी मुझे चौदह वर्ष पर्यन्त इन वनों में निवास करना है। आप लोगों के रक्षार्थ मैं इस अवधि में राक्षसों का चुन-चुन कर नाश करना चाहता हूँ। आप सबके समक्ष मैं प्रतिज्ञा करता हूँ कि अपने भुजबल से मैं पृथ्वी के समस्त ऋषि-द्रोही राक्षसों को समाप्त कर दूँगा। आप लोग मुझे आशीर्वाद दें ताकि मैं इस उद्देश्य में सफल हो सकूँ।

इस प्रकार से उन्हें धैर्य बँधा और राक्षसों के विनाश की प्रतिज्ञा कर, रामचन्द्र सीता और लक्ष्मण के साथ मुनि सुतीक्ष्ण के आश्रम में आये। उन्होंने अत्यन्त वृद्ध महात्मा सुतीक्ष्ण के चरण स्पर्श किये और उन्हें अपना परिचय दिया। राम का परिचय पाकर महर्षि अत्यन्त प्रसन्न हुये। उन्होंने तीनों को समुचित आसन दिया, उनका कुशलक्षेम पूछा तथा फल आदि से उनका सत्कार किया। वार्तालाप करते करते सूर्यास्त की बेला आ पहुँची तब उन सबने एक साथ बैठकर सन्ध्या-उपासना की और रात्रि विश्राम भी उनके आश्रम में ही किया।

प्रातःकाल राम बोले, "हे मुनिवर! हमारे हृदय में दण्डक वन में निवास करने वाले ऋषि-मुनियों के दर्शन करने की उत्कृष्ट अभिलाषा है। हमने सुना है कि यहाँ ऐसे अनेक ऋषि-मुनि हैं जो सहस्त्रों वर्षों से केवल फलाहार करके तपस्या करते हुये सिद्धि को प्राप्त कर चुके हैं। ऐसे महात्माओं के दर्शनों से जन्म-जन्मान्तर के पाप नष्ट हो जाते हैं। इसलिये आप हमें जाने की आज्ञा दीजिये।"

महर्षि सुतीक्ष्ण ने आशीर्वाद देकर प्रेमपूर्वक उन्हें विदा करते हुए कहा, "हे राम! तुम्हारा मार्ग मंगलमय हो। वास्तव में यहाँ के तपस्वी असीम ज्ञान और भक्ति के भण्डार हैं। तुम अवश्य उनके दर्शन करो। इस वन का वातावरण भी तुम्हारे सर्वथा अनुकूल है। इसमें तुम लोग भ्रमण करके अपने वनवासकाल को सार्थक करो।"

९
सीता की शंका

मार्ग में सीता ने रामचन्द्र से कहा, "आर्यपुत्र! यद्यपि आप महान पुरुष हैं किन्तु सूक्ष्मरूप से विचार करने पर मुझे प्रतीत होता है कि अधर्म में प्रवृत हो हैं। हे नाथ! इस संसार में कामजनित तीन दोष ऐसे हैं जिनका उन्हें परित्याग करना चाहिये। पहला कामजनित दोष है मिथ्या भाषण, जो आपने न तो कभी किया है और न ही कभी करेंगे। दूसरा कामजनित दोष है पर-स्त्रीगमन। आप एकपत्नीव्रतधारी और महान सदाचारी हैं अतः यह कार्य भी आपके लिये असम्भव है। तीसरा कामजनित दोष है बिना वैरभाव के ही दूसरों के प्रति क्रूरतापूर्ण व्यवहार।

यह तीसरा दोष अर्थात् क्रूरतापूर्ण व्यवहार ही आपके समक्ष उपस्थित है और आप इसे करने जा रहे हैं। आपने इन तपस्वियों के समक्ष राक्षसों को समूल नष्ट कर डालने की जो प्रतिज्ञा की है, उसी में मुझे दोष दृष्टिगत हो रहा है। आपके लक्ष्मण के साथ धनुष धारण कर इस वन में प्रवेश करने के कार्य को मैं कल्याणकारी नहीं नहीं समझती। मुझे यह उचित नहीं लगता कि जिन राक्षसों ने आपको किसी प्रकार की क्षति नहीं पहुँचाई है उनकी हत्या करके आप व्यर्थ ही अपने हाथों को रक्त-रंजित करें। मेरे दृष्टि में यह अनुचित और दोषपूर्ण कृत्य है।

"महाबाहो! पूर्व काल में किसी पवित्र वन में ईश्वर की आराधना में तल्लीन रहने वाले एक सत्यवादी एवं पवित्र ऋषि निवास करते थे। उनकी कठोर तपस्या से इन्द्र भयभीत हो गये और उनकी तपस्या को भंग करना चाहा। एक दिन योद्धा का रूप धारण कर इन्द्र ऋषि के आश्रम में पहुँचे और विनयपूर्वक अपना खड्ग उस ऋषि के पास धरोहर के रूप में रख दिया। ऋषि ने उस खड्ग को लेकर अपनी कमर में बाँध लिया जिससे वह खो न जाय। कमर में बँधे खड्ग के प्रभाव से उनकी प्रवृति में रौद्रता आने लगी। परिणामस्वरूप वे तपस्या कम और रौद्र कर्म अधिक करने लगे। हे स्वामी। शस्त्र और अग्नि की संगति एक सा प्रभाव दिखाने वाली होती है। आपकी यह भीषण प्रतिज्ञा और आप दोनों भाइयों का निरन्तर धनुष उठाये फिरना आप लोगों के लिये कल्याणकारी नहीं है।

आपको उन निर्दोष राक्षसों की हत्या नहीं करनी चाहिये जिनका आपके प्रति कोई बैर-भाव नहीं है। बिना शत्रुता के किसी की हत्या करना लोक में निन्दा का कारण भी बनती है। हे नाथ! आप ही सोचिये, कहाँ वन का शान्त तपस्वी अहिंसामय जीवन और कहाँ शस्त्र-संचालन। कहाँ तपस्या और कहाँ निरीह प्राणियों की हत्या। ये परस्पर विरोधी बातें हैं। आपने वन में आकर तपस्वी का जीवन अपनाया है इसलिये उसी का पालन कीजिये। सनातन नियम यही है कि बुद्धिमान लोग कष्ट सहकर भी अपने धर्म की साधना करते हैं।

"मैं नारीसुलभ चपलता के कारण ही मैं आपको धर्म का यह उपदेश दे रही हूँ अन्यथा किसमें सामर्थ्य है जो आपको धर्म का उपदेश दे?"

सीता के वचनों को सुनकर राम बोले, "सीते! जो कुछ तुमने कहा है वह सर्वथा उचित है। मेरे कल्याण की दृष्टि से ही तुमने यह बात कही है। किन्तु हम लोगों के धनुष धारण करने का एकमात्र प्रयोजन आर्यों की रक्षा करना है। यहाँ निवास करने वाले ऋषि-मुनि और तपस्वी राक्षसों के कारण अत्यन्त दुःखी हैं। वे उनसे अपनी रक्षा चाहते हैं और इसके लिये उन्होंने शरणागत होकर मुझसे प्रार्थना की है। उनकी रक्षा के लिये ही मैंने प्रतिज्ञा भी की है। क्षत्रिय का धर्म ही असहाय और दुखियों की रक्षा करना है। ऋषि-मुनि और ब्राह्मणों की सेवा तो मेरा कर्तव्य है। फिर मैं तो उन्हें वचन भी दे चुका हूँ। क्या तुम्हारे विचार से यह उचित है कि मैं उस प्रतिज्ञा को भंग कर दूँ? तुम यह कदापि नहीं चाहोगी कि मैं प्रतिज्ञा भंग करके झूठा कहलाऊँ क्योंकि तुम जानती हो कि सत्य मुझे प्राणों से भी प्रिय है और अपनी प्रतिज्ञा का पालन करने के लिये तुम्हारा और लक्ष्मण का परित्याग भी कर सकता हूँ। मैं अपने प्राण का त्याग कर सकता हूँ किन्तु अपनी प्रतिज्ञा को मिथ्या सिद्ध नहीं होने दे सकता। फिर भी जो कुछ तुमने कहा उससे मैं बहुत प्रसन्न हूँ।"

इसके पश्चात् उन लोगों ने अगस्त्य मुनि के दर्शन के लिये प्रस्थान किया किन्तु उन्हें उनके आश्रम का पता नहीं चल पाया। अनेक ऋषि-मुनियों के दर्शन करते तथा वनों में भ्रमण करते हुये दस वर्ष व्यतीत हो गये। इस अवधि में उन्होंने अलग-अलग स्थानों में एक-एक दो-दो वर्ष तक कुटिया बनाकर निवास किया। साथ ही साथ अगस्त्य मुनि के आश्रम की भी खोज करते रहे परन्तु अनेक प्रयत्न करने पर भी उनका आश्रम न पा सके।

अन्ततः वे पुनः सुतीक्ष्ण मुनि के आश्रम में आये और बोले, "हे महर्षि! मैं विगत दस वर्ष से वन में भटककर महर्षि अगस्त्य के आश्रम की खोज कर रहा हूँ किन्तु अभी तक उनके दर्शनों का लाभ प्राप्त नहीं कर सका हूँ। उनके दर्शनों की मुझे तीव्र लालसा है। इसलिये कृपा करके आप उनके आश्रम में पहुँचने के लिये मार्ग बताइये।"

मुनिराज सुतीक्ष्ण ने कहा, "हे राम! तुम दक्षिण दिशा में सोलह कोस जाओ। वहाँ तुम्हें एक विशाल पिप्पली वन दृष्टिगत होगा। उस पिप्पली वन के वृक्ष प्रत्येक ऋतु में खिलने वाले सुगन्धियुक्त रंग-बिरंगे फूलों से लदे वृक्ष मिलेंगे। उन पर नाना प्रकार की बोलियों में कलरव करते हुये असंख्य पक्षी होंगे। अनेक प्रकार के हंसों, बकों, कारण्डवों आदि से युक्त सरोवर भी दिखाई देंगे। उसी वन में महात्मा अगस्त्य के भाई का आश्रम है जो वहाँ ईश्वर

साधना में तल्लीन रहते हैं। कुछ दिन उनके आश्रम में रहकर विश्राम करें। जब तुम्हारी मार्ग की क्लान्ति मिट जाय तो वहाँ से दक्षिण दिशा की ओर वन के किनारे चलना। वहाँ से चार कोस की दूरी पर महर्षि अगस्तय का शान्त मनोरम आश्रम है जिसके दर्शन मात्र से अद्वितीय शान्ति मिलती है।

10

अगस्त्य का आश्रम

सुतीक्ष्ण मुनि से विदा ले कर राम, सीता और लक्ष्मण ने वहाँ से प्रस्थान किया। मार्ग में उन्होंने नीवार (जलकदम्ब), कटहल, साखू, अशोक, तिनिश, चिरिविल्व, महुआ, बेल, तेंदू तथा अन्य अनेक जंगली वृक्ष देखे। विचित्र वनों, मेघमाला सदृश पर्वतमालाओं, सरिताओं तथा सरवरों के नयनाभिराम दृश्यों को निरखते हुये तथा दो दिन महर्षि अगस्त्य के भाई के आश्रम में विश्राम करने के पश्चात् वे अगस्त्य मुनि के आश्रम के निकट जा पहुँचे। उस वन का वातावरण अत्यन्त मनोहर था। सुन्दर विशाल वृक्ष खिली हुई लताओं से शोभायमान हो रहे थे। हाथियों द्वारा तोड़े जाकर अनेक वृक्ष पृथ्वी पर पड़े थे। वानरवृन्द वृक्षों की ऊँची-ऊँची शाखाओं पर अठखेलियाँ कर रहे थे। पक्षियों का मधुर कलरव चहुँ ओर सुनाई दे रहा था। हिंसक पशु भी हिरण आदि के साथ, बैरभाव को छोड़कर, कल्लोल कर रहे थे।

उन्हें देखकर राम लक्ष्मण से बोले, "हे लक्ष्मण! महर्षि अगस्त्य के आश्रम के अद्भुत प्रभाव से जन्मजात शत्रु भी, एक दूसरे की हत्या करना भूलकर, परस्पर स्नेह का बर्ताव कर रहे हैं। यह महर्षि के तपोबल का ही प्रभाव है। यहाँ आकर राक्षस भी उपद्रव करना भूल जाते हैं। मैंने सुना है कि महर्षि अगस्त्य से प्रभावित होकर अनेक राक्षसों ने अपनी तामसी वृत्ति को त्याग दिया है और महर्षि के अनन्य भक्त बन गये हैं।

इस युग के ऋषि-मुनियों में महामुनि अगस्त्य का स्थान सर्वोपरि है। उनकी कृपा से यहाँ के देवता, राक्षस, यक्ष, गन्धर्व, नाग, किन्नर आदि सब मानवीय धर्मों का पालन करते हुये अत्यंत प्रेमपूर्वक अपना जीवन यापन करते हैं। इस शान्तिप्रद वन में चोर, डाकू, लम्पट, दुराचारी व्यक्ति आने का साहस नहीं करते। ऐसे महात्मा महर्षि के दर्शन का सौभाग्य आज हमें प्राप्त होगा। तुम आश्रम में जाकर मेरे आने की सूचना दो।"

राम की आज्ञा पाकर लक्ष्मण आश्रम के भीतर गये और महर्षि के एक शिष्य से बोले, "हे सौम्य! कृपा करके तुम महर्षि अगस्त्य को सादर सूचित करो कि अयोध्या के तेजस्वी सम्राट दशरथ के ज्येष्ठ पुत्र श्री रामचन्द्र जी अपनी पत्नी जनकनन्दिनी सीता के साथ उनके दर्शन के लिये पधारे हैं। वे आश्रम में प्रवेश की अनुमति की प्रतीक्षा कर रहे हैं।"

शिष्य से लक्ष्मण का संदेश सुनकर अगस्त्य मुनि बोले, "तुमने यह अत्यन्त आनन्ददायक समाचार सुनाया है। राम की प्रतीक्षा करते हुये मेरे नेत्र थक गये थे। तू जल्दी से जाकर राम को सीता और लक्ष्मण के साथ मेरे पास ले आ।"

शिष्य राम, सीता और लक्ष्मण को लेकर मुनि के पास पहुँचा जो पहले से ही उनके स्वागत के लिये कुटिया के बाहर आ चुके थे। तेजस्वी मुनि को स्वयं स्वागत के लिये बाहर आया देख राम ने श्रद्धा से सिर झुका कर उन्हें प्रणाम किया। सीता और लक्ष्मण ने भी उनका अनुसरण किया। अगस्त्य मुनि ने प्रेमपूर्वक उन सबको बैठने के लिये आसन दिये। कुशलक्षेम पूछने तथा फल-फूलों से उनका सत्कार करने के पश्चात् वे बोले, "हे राम! मैंने दस वर्ष पूर्व तुम्हारे दण्डक वन में प्रवेश करने का समाचार सुना था। उसी समय से मैं तुम्हारी प्रतीक्षा कर रहा हूँ। यह मेरा सौभाग्य है कि आज मेरी इस कुटिया में तुम जैसा धर्मात्मा, सत्यपरायण, प्रतिज्ञापालक, पितृभक्त अतिथि आया है। मेरी कुटिया तुम्हारे आगमन से धन्य हो गई है।"

इसके पश्चात् महर्षि ने राम को कुछ दैवी अस्त्र-शस्त्र देते हुये कहा, "हे राघव! देवासुर संग्राम के समय से ये कुछ दिव्य अस्त्र मेरे पास रखे थे। आज इन्हें मैं तुम्हें देता हूँ। इनका जितना उचित उपयोग तुम कर सकते हो अन्य कोई धर्मपरायण योद्धा नहीं कर सकता। इस धनुष का निर्माण विश्वकर्मा ने स्वर्ण और वज्र के सम्मिश्रण से किया है। ये बाण स्वयं ब्रह्मा जी ने दिये थे। सूर्य के समान देदीप्यमान ये बाण कभी व्यर्थ नहीं जाते। इन्द्र के द्वारा प्रदत्त यह तरकस भी मैं तुम्हें दे रहा हूँ। इनमें अग्नि की भाँति दाहक बाण भरे हुये हैं। यह खड्ग कभी न टूटने वाला है चाहे इस पर कैसा ही वार किया जाय। इन अस्त्र-शस्त्रों को धारण कर के तुम इन्द्र की भाँति अजेय हो जाओगे। इनकी सहायता से इस दण्डक वन में जो राक्षस हैं, उनका नाश करो।"

राम ने महर्षि के इस उपहार के लिये उन्हें अनेक धन्यवाद दिये और बोले, "मुनिराज! आपने मुझे इन अस्त्र-शस्त्रों के योग्य समझा, यह आपकी मुझ पर अत्यन्त अनुकम्पा है जो। मैं अवश्य ही इनका उचित उपयोग करने का प्रयास करूँगा।"

मुनि ने कहा, "नहीं राम! इसमें अनुकम्पा की कोई बात नहीं है। तुम मेरे आश्रम में आने वाले असाधारण अतिथि हो। तुम्हें देख कर मैं कृत-कृत्य हो गया हूँ। लक्ष्मण भी कम महत्वपूर्ण अतिथि नहीं है। ऐसा प्रतीत होता है कि इनकी विशाल बलिष्ठ भुजाएँ विश्व पर विजय पताका फहराने के लिये ही बनाई गई है।

और जानकी का तो पति-प्रेम तथा पति-निष्ठा संसार की स्त्रियों के लिये अनुकरणीय आदर्श हैं। इन्होंने कभी कष्टों की छाया भी नहीं देखी, तो भी केवल पति-भक्ति के कारण तुम्हारे साथ इस कठोर वन में चली आई हैं। इनका अनुकरण करके सन्नारियाँ स्वर्ग की अधिकारिणी हो जायेंगी। तुम तीनों को अपने बीच में पाकर मेरा हृदय प्रफुल्लित हो उठा है। तुम लोग लम्बी यात्रा करके आये हो, थक गये होगे। अतएव अब विश्राम करो। मेरी तो इच्छा यह है कि तुम लोग वनवास की शेष अवधि यहीं व्यतीत करो। यहाँ तुम्हें किसी प्रकार का

कष्ट न होगा।"

ऋषि के स्नेहयुक्त वचन सुन कर राम ने हाथ जोड़ कर उत्तर दिया, "हे मुनिराज! जिनके दर्शन बड़े-बड़े राजा-महाराजाओं तथा दीर्घकाल तक तपस्या करने वाले ऋषि-मुनियों को भी दुर्लभ हैं, उनके दर्शन का सौभाग्य मुझे आज प्राप्त हुआ है। भला इस संसार में मुझसे बढ़ कर भाग्यशाली कौन होगा? आपकी इस महान कृपा और अतिथि सत्कार के लिये मैं सीता और लक्ष्मण सहित आपका अत्यन्त कृतज्ञ हूँ।

आपकी आज्ञा का पालन करते हुये हम लोग आज की रात्रि अवश्य यहीं विश्राम करेंगे किन्तु वनवास की शेष अवधि आपके मनोरम आश्रम में हृदय से चाहते हुये भी बिताना सम्भव नहीं होगा। मैं आपकी तपस्या में किसी भी प्रकार की बाधा उपस्थित नहीं करना चाहता, परन्तु आपकी सत्संगति के लाभ से भी वंचित नहीं होना चाहता। इसलिये कृपा करके आपके इस आश्रम के निकट ही कोई ऐसा स्थान बताइये जो फलयुक्त वृक्षों, निर्मल जल तथा शान्त वातावरण से युक्त सघन वन हो। वहाँ मैं आश्रम बना कर निवास करूँगा।"

अगस्त्य मुनि ने कुछ क्षण विचार करके उत्तर दिया, "हे राम! तुम्हारे यहाँ रहने से मुझे कोई असुविधा नहीं होगी। यदि फिर भी तुम किसी एकान्त स्थान में अपना आश्रम बनाना चाहते हो तो यहाँ से आठ कोस दूर पंचवटी नामक महावन है। वह स्थान वैसा ही है जैसा तुम चाहते हो। वहाँ पर गोदावरी नदी बहती है। वह स्थान अत्यन्त रमणीक, शान्त, स्वच्छ एवं पवित्र है। सामने जो मधुक वन दिखाई देता है, उत्तर दिशा से पार करने के पश्चात् तुम्हें एक पर्वत दृष्टिगोचर होगा। उसके निकट ही पंचवटी है। वह स्थान इतना आकर्षक है कि उसे खोजने में तुम्हें कोई कठिनाई नहीं होगी।"

मुनि का आदेश पाकर सन्ध्यावन्दन आदि करके राम ने सीता और लक्ष्मण के साथ रात्रि अगस्त्य मुनि के आश्रम में ही विश्राम किया। प्रातःकालीन कृत्यों से निवृत होकर महामुनि से विदा हो राम ने अपनी पत्नी तथा अनुज के साथ पंचवटी की ओर प्रस्थान किया।

11

खर-दूषण वध

खर की सेना की दुर्दशा देख कर दूषण अपनी विशाल सेना को साथ ले कर राम के समक्ष आ डटा। कुछ ही काल में राम के बाणों से उसकी सेना की भी वैसी ही दशा हो गई जैसा कि खर की सेना की हुई थी। अपनी सेना की दुर्दशा देख कर क्रुद्ध दूषण ने मेघ के समान घोर गर्जना की और तीक्ष्ण बाणों की वर्षा आरम्भ कर दी। उसके इस आक्रमण से कुपित होकर राम ने चमकते खुर से दूषण के धनुष को काट डाला तथा एक साथ चार बाण छोड़ कर उसके रथ के चारों घोड़ों को बींध दिया जिससे चारों घोड़े निष्प्राण होकर भूमि पर गिर पड़े।

पुनः राम ने एक अद्र्ध चन्द्राकार बाण छोड़कर दूषण के सारथी के सिर को धड़ से अलग कर दिया। इस पर क्रोधित दूषण एक परिध उठा कर राम को मारने झपटा। राम ने भी पलक झपकते ही अपना खड्ग निकाल लिया और दूषण के दोनों हाथ काट डाले। पीड़ा से छटपटाता हुआ वह मूर्छित होकर धराशायी हो गया। दूषण की ऐसी दशा देख कर सैकड़ों राक्षसों ने एक साथ राम पर आक्रमण कर दिया। प्रत्युत्तर में रामचन्द्र ने स्वर्ण तथा वज्र से निर्मित तीक्ष्ण बाण छोड़ कर उन सभी राक्षसों का नाश कर दिया। इस प्रकार से दूषण सहित उसकी अपार सेना यमलोक पहुँच गई।

अब केवल दो लोग ही शेष रह गये थे – खर और उसका सेनापति त्रिशिरा। खर का मनोबल टूट चुका था। अतः उसे धैर्य बँधाते हुये त्रिशिरा ने कहा, "हे राक्षसराज! धैर्य धारण कीजिये। मैं अभी राम का वध करके अपने सैनिकों के वध का प्रतिशोध लेता हूँ। मैं प्रतिज्ञा करता हूँ कि मैं उस तपस्वी को अवश्य मारूँगा अन्यथा मैं युद्धभूमि में अपने प्राण त्याग दूँगा।"

खर को सान्त्वना दे कर वह राम की ओर द्रुत गति से झपटा। उसे अपनी ओर आते देख राम ने तत्परतापूर्वक बाण चलना आरम्भ कर दिया। राम के बाणों से त्रिशिरा के सारथी, घोड़े तथा ध्वजा कट गये। रथ तथा सारथी विहीन सेनापति हाथ में गदा ले कर राम की ओर दौड़ा, किन्तु पराक्रमी राम ने उसे अपने निकट पहुँचने के पहले ही तीक्ष्ण बाण छोड़ा जो उसके कवच को चीर कर हृदय तक पहुँच गया। हृदय में बाण लगते ही त्रिशिरा हतप्राण

होकर भूमि पर गिर गया। उस स्थान की सारी भूमि रक्त-रंजित हो गई।

सेनापति के वध हुआ देख कर क्रुद्ध खर राम पर अंधाधुंध बाणों की वर्षा करने लगा। उसके बाण वायुमण्डल में सभी दिशाओं में फैल गये। इस पर राम ने अग्निबाणों की बौछार करना आरम्भ कर दिया। और भी क्रुद्ध होकर खर ने एक बाण से रामचन्द्र के धनुष को काट दिया। खर के इस अद्भुत पराक्रम को देख कर यक्ष, गन्धर्व आदि भी आश्चर्यचकित रह गये, किन्तु अदम्य योद्धा राम तनिक भी विचलित नहीं हुये। उन्होंने अगस्त्य ऋषि के द्वारा दिया हुआ धनुष उठा कर क्षणमात्र में खर के घोड़ों को मार गिराया। रथहीन हो जाने पर अत्यन्त क्रोधित हो कर पराक्रमी खर हाथ में गदा ले राम को मारने के लिये दौड़ा। उसे अपनी ओर आता देख राघव बोले, "हे राक्षसराज! यदि सम्पूर्ण ब्रह्माण्ड का स्वामी भी निर्दोषों तथा सज्जनों को दुःख देता है तो उसे अन्त में अपने पापों का फल भोगना ही पड़ता है। तुझे भी निर्दोष ऋषि-मुनियों को भयंकर यातनाएँ देने का परिणाम भुगतना पड़ेगा। मैं तुझ जैसे अधर्मी, दुष्ट- दानवों का विनाश करने के लिये ही वन में आया हूँ। अब तेरा भी अन्तिम समय आ पहुँचा है। अब किसी भाँति तू बच नहीं सकता।"

राम के वचनों को सुन कर खर ने कहा, "हे अयोध्या के राजकुमार! तुमने स्वयं के मुख से स्वयं की प्रशंसा करके अपनी तुच्छता का ही परिचय दिया है। तुममें इतना सामर्थ्य नहीं है कि तुम मेरा वध कर सको। मेरी यह गदा आज यह तुम्हें चिरनिद्रा में सुला देगी।"

इतना कह कर खर ने अपनी शक्तिशाली गदा को राम के हृदय का लक्ष्य करके फेंका। राम ने एक ही बाण से उस गदा को काट दिया और एक साथ अनेक बाण छोड़ कर खर के शरीर को क्षत-विक्षत कर दिया। क्षत-विक्षत होने परे भी खर क्रुद्ध सर्प की भाँति राम की ओर झपटा। उसे अपनी ओर लपकते देख कर राम ने अगस्त्य मुनि द्वारा दिये गये एक ही बाण से खर का हृदय चीर डाला। भयानक चीत्कार करता हुआ खर विशाल पर्वत की भाँति धराशायी हो गया और उसकी इहलीला समाप्त हो गई।

राम के विजय पर ऋषि-मुनि, तपस्वी आदि उनकी जय-जयकार करते हुये उन पर पुष्प वर्षा करने लगे। उन्होंने राम की भूरि-भूरि प्रशंसा करते हुये कहा, "हे राघव! आपके इस महान उपकार को दण्डक वन के निवासी तपस्वी कभी न भुला सकेंगे। इन राक्षसों ने अपने विप्लव से हमारा जीवन, हमारी तपस्या, हमारी शान्ति सब कुछ नष्टप्राय कर दिये थे। आज से हम लोग आपकी कृपा से निर्भय और निश्चिन्त हो गये हैं। परमपिता परमात्मा आपका कल्याण करें। आशीर्वाद देकर वे अपने-अपने निवास स्थानों को लौट गये। लक्ष्मण भी सीता को गिरिकन्दरा से ले कर लौट आये। अपने महापराक्रमी पति की शौर्य गाथा सुन कर सीता का हृदय गद्-गद् हो गया।

12

रावण को सूचना

खर-दूषण का वध हो जाने पर खर के एक अकम्पन नामक सैनिक ने, जिसने किसी प्रकार से भागकर अपने प्राण बचा लिये थे, लंका में जाकर रावण को खर की सेना के नष्ट हो जाने की सूचना दी। रावण के समक्ष जाकर वह हाथ जोड़ कर बोला, "हे लंकेश! दण्डकारण्य स्थित आपके जनस्थान में रहने वाले आपके भाई खर और दूषण तथा उनके चौदह सहस्त्र सैनिकों का वध हो चुका है। किसी प्रकार से अपने प्राण बचाकर मैं आपको सूचना देने के लिये आया हूँ।"

यह सुन कर रावण को भारी क्रोध आया। उन्होंने कहा, "कौन है जिसने मेरे भाइयों का सेना सहित वध किया है? मैं अभी उसे नष्ट कर दूँगा। तुम मुझे पूरा वृत्तान्त बताओ।"

अकम्पन ने कहा, "हे लंकापति! अयोध्या के राजकुमार राम ने अपने पराक्रम से अकेले ही सभी राक्षस वीरों को मृत्यु के घाट उतार दिया।"

इस समाचार को सुनकर रावण को आश्चर्य हुआ और उसने पूछा, "खर को मारने के लिये क्या देवताओं ने राम की सहायता की है?"

अकम्पन ने उत्तर दिया, "नहीं प्रभो! देवताओं से राम को किसी प्रकार की सहायता नहीं मिली है, ऐसा उसने अकेले ही किया है। वास्तव में राम तेजस्वी, शक्तिवान और युद्धविद्या में पारंगत योद्धा है। खर जैसे रणबाँकुरे, जिसकी एक गर्जना से सारे देवता काँप जाते थे, को उनकी शक्तिशाली सेना सहित उसने खेल ही खेल में समाप्त कर दिया। उसका रणकौशल देख कर मुझे प्रतीत होता है कि आप अपनी सम्पूर्ण सेना के साथ युद्ध करके भी उसे परास्त नहीं कर सकेंगे। मेरे विचार से उस पर विजय पाने का एक ही उपाय है। उसके साथ उसकी अत्यन्त रूपवती, लावण्यमयी और सुकुमारी पत्नी भी है। राम उससे बहुत प्रेम करता है। वह अपनी पत्नी के बिना एक पल भी नहीं रह सकता। मेरा विश्वास है, यदि आप किसी प्रकार उसका अपहरण कर के ले आयें तो राम उसके वियोग में स्वयं ही मर जायेगा।"

लंकेश रावण को अकम्पन का यह प्रस्ताव सर्वथा उचित प्रतीत हुआ। तत्काल ही वह अपने दिव्य रथ पर सवार हो आकाश मार्ग से उड़ता हुआ अपने परम मित्र मारीच के पास

पहुँचा। बिना किसी पूर्व सूचना के रावण को अपने सम्मुख पाकर मारीच बोले, "हे लंकापति! आज अचानक ही आपके यहाँ आने का क्या कारण है? आपकी इतनी हड़बड़ी देखकर मेरे मन में नाना प्रकार की शंकाएँ उठ रही हैं। लंका में सब कुशल तो है?"

रावण ने कहा, "मैं एक विशेष कारण से ही यहाँ आया हूँ। अयोध्या के राजकुमार राम ने मेरे भाई खर और दूषण को उनकी सेना सहित मार डाला है। अब मैं चाहता हूँ कि राम की पत्नी का अपहरण कर लूँ और इसके लिये मुझे तुम्हारी सहायता की आवश्यकता है। सीता के वियोग में राम बिना युद्ध किये ही तड़प-तड़प कर मर जायेगा और मेरा प्रतिशोध पूरा हो जायेगा।"

रावण के वचनों को सुन कर मारीच बोला, "हे लंकापति! तुम्हारा यह विचार सर्वथा अनुचित है। जिस किसी ने भी तुम्हें सीता को हरने का सुझाव दिया है वह वास्तव में तुम्हारा मित्र नहीं शत्रु है। राम अत्यन्त बलशाली और पराक्रमी है और तुम उससे किसी प्रकार भी जीत सकते। राम के होते हुये तुम उससे सीता को नहीं छीन सकते। उसके अद्भुत पराक्रम के सम्मुख तुम एक क्षण भी नहीं टिक सकोगे। तुम्हारा हित इसी में है कि तुम इस विचार को भूलकर कर चुपचाप लंका में जा कर बैठ जाओ।"

13

रावण को शूर्पणखा का धिक्कार

रावण के मारीच के पास से लंका लौट आने के कुछ काल पश्चात् ही शूर्पणखा उसके पास आ पहुँची। उस समय रावण अपने मन्त्रियों से घिरा हुआ था। स्वर्ण-सिंहासन पर आरूढ़ रावण वैसे ही शोभा पा रहा था जैसे सोने के ईंटों से निर्मित यज्ञवेदी में घी के द्वारा प्रज्वलित अग्नि। समरभूमि में साक्षात् यमराज की भाँति दिखाई पड़ने वाले रावण ने देवता, गन्धर्व आदि सभी को जीत लिया था। राजोचित लक्षणों से सम्पन्न रावण ने वैदूर्यमणि (नीलम) तथा तपाये हुए सोने से निर्मित आभूषणों से अलंकृत हो रहा था। उसके अंगों पर विष्णु के चक्र तथा देवताओं के विविध आयुधों के अनेक प्रहार हुए थे किन्तु इन प्रहारों के बाद भी उसका कोई भी अंग खण्डित नहीं हुआ था।

वह रावण पर्वतशिखरों को तोड़कर फेंक देने वाला, देवताओं को रौंद डालने वाला, धर्म को जड़ से काट देने वाला, दूसरों की भार्याओं के सतीत्व का नाश करने वाला, यज्ञों में विघ्न डालने वाला तथा दिव्यास्त्रों का प्रयोग करने वाला था। उसने समुद्रों तथा पर्वतों पर विजय प्राप्त किया था, नागराज वासुकि को परास्त किया था, तक्षक की प्रिय पत्नी का हरण किया था, कुबेर पर विजय प्राप्त कर उससे पुष्पक विमान छीना था। इन्द्रादि समस्त देवता उससे भयभीत रहते थे, वायु देवता उस पर पंखा डुलाते थे, वरुण उसके यहाँ पानी भरता था और वह मृत्यु को भी परास्त करने की सामर्थ्य रखता था। उसने दस हजार वर्षों त घोर तपस्या करके तथा ब्रह्मा जी को अपने मस्तकों की बलि दे कर देवता, दानव, गन्धर्व, पिशाच, पक्षी और सर्पों से संग्राम में अभय प्राप्त कर लिया था। मनुष्य के सिवा अन्य किसी से भी उसे मृत्यु का भय नहीं रह गया था।

शूर्पणखा राम के द्वारा तिरस्कृत होकर अत्यन्त दुःखी हो रही थी। उसने रावण के पास आ कर क्रोध से फुँफकारते हुए कहा, "धिक्कार है तुम्हारे पराक्रम पर और तुम्हारे इन मन्त्रियों पर। तुम अपनी विलासिता में डूबे हुये हो। तुम सब तो सुरा और सुन्दरियों में व्यस्त रहते हो। हे नीतिवान रावण! क्या अब मुझे तुमको यह भी बताना पड़ेगा कि समय पर उचित

कार्य न करने वाले और अपने देश की रक्षा के प्रति असावधान रहने वाले राजा के राज्य के नष्ट हो जाने में क्षणमात्र भी देर नहीं लगती। तुम्हें ज्ञात होना चाहिये कि वृक्ष से गिरे हुये पत्ते और राज्य से च्युत राजा का कोई मूल्य नहीं होता।

प्रजा उसी राजा की पूजा करती है जो स्थूल आँखों से सोता है किन्तु नीति की आँखों से जागता है, जिसका क्रोध प्रलयंकर और प्रसन्नता सुखदायिनी है। जिस राजा के गुप्तचर सक्रिय और सतर्क नहीं रहते वह राज्य करने योग्य नहीं होता। तुम्हारे गुप्तचर तो मूर्ख, अयोग्य और आलसी हैं। तुम्हारी बुद्धि दूषित है और मन्त्री भी सर्वथा अयोग्य हैं। उन्हें अभी तक यह पता नहीं कि उनके राज्य दण्डकारण्य में कितनी भयंकर घटना घट चुकी है। मेरे वीर भ्राताओं खर-दूषण का चौदह सहस्त्र राक्षसों सहित संहार हो चुका है। जो ऋषि-मुनि कल तुम्हारे नाम से थर-थर काँपते थे वे आज सिर उठा कर निर्भय हो घूम रहे हैं। तुम तो राम द्वारा किये गये भीषण हत्याकाण्ड से अभी तक अपरिचित हो।"

शूर्पणखा के कटु वचनों से कुपित होकर रावण बोला, "शूर्पणखे! मुझे बताओ कि राम कौन है? उसका बल और पराक्रम कितना है? दुष्कर दण्डकवन में में उसने किसलिये प्रवेश किया है? उसके पास ऐसा कौन सा अस्त्र है जिससे उसने खर, दूषण और त्रिशिरा का सेना सहित संहार कर दिया? उसने तुझ जैसी सुन्दर अंगों वाली को क्यों कुरूप बना दिया?"

रावण के प्रश्नों का उत्तर देते हुए शूर्पणखा ने कहा, "हे भाई! महाबली राम अयोध्या नरेश दशरथ के पुत्र हैं। वे अत्यन्त निपुण धनुर्धारी हैं। वे अकेले और पैदल थे तो भी उन्होंने मात्र डेढ़ मुहूर्त (तीन घड़ी) में समस्त राक्षसों का संहार कर डाला। मैंने राम के बाणों की वर्षा से राक्षसों को मरते हुए तो देखा किन्तु यह नहीं देख पाई कि कब राम ने धनुष खींचा और कब बाण छोड़ा। स्त्री होने के कारण राम ने मेरा वध नहीं किया और केवल अपमानित करके छोड़ दिया। राम के समान ही पराक्रमी उसका भाई लक्ष्मण और अत्यन्त सुन्दरी उसकी पत्नी सीता भी उसके साथ है। इस भूतल पर मैंने आज तक सीता के समान रूपवती अन्य कोई स्त्री नहीं देखा है। जब मैं सीता को तुम्हारी भार्या बनाने के लिये लाने के लिये उद्यत हुई तो लक्ष्मण ने मुझे कुरूप बना दिया। सीता तुम्हारी ही भार्या बनने योग्य है अतः तुम उसे शीघ्रातिशीघ्र हर लाओ।"

शूर्पणखा का कथन सुनने तथा अपने मन्त्रियों से विचार विमर्ष करने के पश्चात् रावण ने सीता को हर लाने का निश्चय कर लिया। तत्काल उसने अपना रथ तैयार करवाया और उस पर सवार हो अपने मित्र मारीच के पास पहुँच गया।

मारीच ने रावण का समुचित सत्कार करके पूछा, "राजन्! लंका में सब कुशल तो है ना? आप इतनी जल्दी पुनः कैसे लौट आये?"

रावण बोला, "हे मारीच! क्रूर और मूर्ख राम ने अपने बल का आश्रय लेकर मेरे भाई खर और दूषण सेनासहित त्रिशिरा का वध कर दिया है। उसने मेरी बहन शूर्पणखा को भी कुरूप बना दिया है। तुम मेरे मित्र हो। मित्र ही संकट के समय मित्र की सहायता करता है। मैं जानता हूँ कि मेरे मित्रों और शुभचिन्तकों में तुमसे बढ़ कर बलवान, नीतिवान और मुझसे सच्चा

स्नेह करने वाला और कोई नहीं है। अतः हे मारीच! मैं चाहता हूँ कि तुम रजत बिन्दुओं वाला स्वर्णमृग बन कर राम के आश्रम के सामने जाओ। तुम्हें देख कर सीता अवश्य राम-लक्ष्मण को तुम्हें पकड़ने के लिये भेजेगी। उन दोनों के चले जाने पर मैं अकेली सीता का अपहरण कर के ले जाऊँगा। राम को सीता का वियोग असह्य होगा और विरह की उस अवस्था में राम को मार डालना मेरे लिये कठिन नहीं होगा।"

रावण के वचन सुनकर मारीच बोला, "हे लंकापति! जैसे कि मैं मैं पहले भी कह चुका हूँ कि ऐसा करना तुम्हारे लिये उचित नहीं होगा। यह कार्य तुम्हारे जीवन के लिये काल बन जायेगा। आश्चर्य की बात है कि वेद-शास्त्रों के ज्ञाता होते हुये भी तुम परस्त्री हरण जैसा भयंकर पाप करने जा रहे हो। तुम्हें ज्ञात होना चाहिये कि राम के क्रोध से तुम बच नहीं सकोगे।"

मारीच के इस उत्तर से क्रुद्ध हो हाथ में खड्ग ले कर रावण बोला, "मारीच! मैं तुझे अपना मित्र समझ कर तेरे पास आया था। तेरा अनर्गल प्रलाप सुनने के लिये नहीं। तेरी कायरतापूर्ण युक्तियों को सुन कर मैं अपना विचार नहीं बदल सकता। सीता का हरण मैं अवश्य ही करूँगा और तू मेरे आज्ञा का पालन भी करेगा। यदि तू मेरी आज्ञा मान कर मेरे इस कार्य में सहायता नहीं करेगा तो राम-लक्ष्मण से पहले मैं तेरा वध करूँगा।"

रावण के क्रोध से भयभीत होकर मारीच ने अपनी सहमति दे दी। उसकी सहमति से प्रसन्न हो कर रावण बोला, "अब सिद्ध हो गया कि तू मेरा परम मित्र है।"

रावण उसे ले कर दण्डक वन में पहुँच राम के आश्रम की खोज करने लगा। जब आश्रम मिल गया तो मारीच ने रावण के निर्देशानुसार मृग का रूप धारण किया और आश्रम के निकट विचरण करने लगा। इस अद्भुत स्वर्णिम मृग की शोभा देख कर सीता आश्चर्यचकित रह गई और विस्मित हो कर उसके पास पहुँची। मायावी मारीच ने अपनी मृग-सुलभ क्रीड़ाओं से सीता का मन मुग्ध कर लिया।

14

स्वर्णमृग

सीता की इच्छा इस अद्भुत मृग को पकड़ कर आश्रम में रखने की हुई। अतः वे राम को पुकारते हुए बोलीं, "हे आर्यपुत्र! आप और लक्ष्मण शीघ्र आइये। देखिये, कितना सुन्दर और अद्भुत स्वर्णमृग यहाँ विचरण कर रहा है।"

उस माया मृग को देख कर लक्ष्मण को सन्देह हुआ और उन्होंने राम से कहा, "तात! मुझे ऐसा प्रतीत होता है कि हमें छलने के लिये इस मृग के रूप में स्वेच्छारूपधारी मारीच ही आया है। हे जगत्पति! इस भूतल पर कहीं भी ऐसा विचित्र रत्नमय मृग नहीं है, अतः निःसन्देह यह माया ही है।"

लक्ष्मण को बीच में ही रोकते हुए सीता राम से बोली, "हे नाथ! यह मृग अत्यन्त सुन्दर है, इसने मेरे मन को मोह लिया है। आप अवश्य ही इसे पकड़ कर लाइये। जब हम वनवास समाप्त कर के अयोध्या लौटेंगे तो यह हमारे प्रासाद की शोभा बढ़ायेगा। यदि यह जीवित न पकड़ा जा सके तो इसे मार कर मृगछाला ही ले आइये। मैं उस पर आपके साथ बैठना चाहती हूँ।"

सीता के आग्रह को देख कर राम लक्ष्मण से बोले, "हे लक्ष्मण! निःसन्देह इस मृग का रूप अत्यंत मनोहर एवं आकर्षक है। यदि यह पकड़ा नहीं भी गया तो मारा तो अवश्य ही जायेगा। इसमें भी सन्देह नहीं है कि इसकी मृगछाला मनोहारी होगी। सीता का आग्रह पूर्ण करने के लिये इसे अवश्य ही पकड़ना चाहिये। तुम्हारी शंका के अनुसार यदि यह राक्षसी माया है तो भी इस राक्षस को मारना उचित ही होगा। तुम सीता की रक्षा करो। मैं इसे जीवित पकड़ने या मारने के लिये जाता हूँ।"

इतना कह कर राम अपने शस्त्रास्त्र धारण कर मायावी मृग के पीछे चल पड़े। राम को अपनी ओर आता देख मृग भी उछलता कूदता गहन वन के भीतर चला गया। वह विविध वृक्षों, झाड़ियों के बीच कभी छिपता और कभी प्रकट होता कभी धीमी तो कभी द्रुत गति से भागने लगा। उसका पीछा करते-करते रामचन्द्र आश्रम से बहुत दूर निकल गये। अन्ततः मृग के दृष्टिगत होते ही क्रुद्ध हो कर राम ने एक तीक्ष्ण बाण छोड़ा जो मारीच के हृदय तक

पहुँच गया। बाण लगते ही मारीच अपने असली वेश में धराशायी हो गया और राम के स्वर में 'हा सीते! हा लक्ष्मण! चीत्कार करते हुए मर गया।

उस राक्षस के मृत शरीर को तथा उसका अपने स्वर में चीत्कार करना देख कर राम को लक्ष्मण का कथन स्मरण हो आया। वास्तव में यह मारीच की माया ही निकली। उन्हें चिन्ता होने लगी कि मेरे स्वर में किये गये चीत्कार को सुन कर सीता की क्या दशा होगी। उन्हे किसी अनिष्ट की आशंका होने लगी और वे द्रुत गति से आश्रम की ओर लौट पड़े।

इधर जब सीता ने अपने पति के स्वर में 'हा सीते! हा लक्ष्मण!' सुना तो उन्होंने व्याकुल हो कर लक्ष्मण से कहा, "हे लक्ष्मण! प्रतीत होता है कि तुम्हारे भैया अवश्य ही किसी संकट में पड़ गये हैं। तुम शीघ्र जा कर उनकी सहायता करो। उनके दुःख भरे शब्द सुनकर मेरा हृदय चिन्ता से बहुत घबरा रहा है।"

आशंका से आतुर सीता के वचन सुन कर लक्ष्मण बोले, "हे आर्ये! इस प्रकार मैं आप को अकेला छोड़ कर नहीं जा सकता। भैया ने आपकी रक्षा का भार मुझे सौंपा है। आप धैर्य धारण करें, भैया अभी आते ही होंगे।"

दुःखी हो कर सीता बोलीं, "लक्ष्मण! ऐसा प्रतीत होता है कि तुम भाई के रूप में उनके शत्रु हो। इसीलिये उनके ऐसे आर्त स्वर सुन कर भी उनकी सहायता के लिये नहीं जाना चाहते। जब उनको ही कुछ हो गया तो मेरी रक्षा से क्या लाभ?"

इस प्रकार कहते हुये उनके नेत्रों से अश्रुधारा बहने लगी। सीता की यह दशा देख कर लक्ष्मण हाथ जोड़ कर बोले, "देवि! आप व्यर्थ दुःखी न हों। संसार में ऐसा कोई भी देवता, दानव, मनुष्य, गन्धर्व नहीं है जो भैया के पराक्रम का सामना कर सके। मायावी राक्षस नाना प्रकार के रूप धारण करते हैं और विविध प्रकार की बोलियाँ बोलते हैं, अतः आपको चिन्ता करने की आवश्यकता नहीं है। आप तनिक प्रतीक्षा करें, वे आते ही होंगे।"

लक्ष्मण के तर्कयुक्त वचनों ने सीता के क्रोध को और बढ़ा दिया। वे बोलीं, "लक्ष्मण! मैं तुम्हारे मनोभावों को भली-भाँति समझ रही हूँ। तुम राम के न रहने पर मुझे पा लेने की लालसा लेकर ही वन में चले आये हो। मैं तुम्हारी दुष्ट इच्छा को कभी पूरा नहीं होने दूँगी। राम के वियोग में मैं अपने प्राण त्याग दूँगी।"

सीता के ये वचन सुन कर लक्ष्मण का हृदय विदीर्ण हो उठा। वे बोले, "देवि! मैं आपकी बातों का कोई उत्तर नहीं दे सकता। स्त्रियों के द्वारा ऐसी अनुचित और प्रतिकूल बातें मुँह से निकालना कोई आश्चर्य की बात नहीं है क्योंकि संसार में नारियों का ऐसा स्वभाव प्रायः देखा जाता है। आज आप की बुद्धि भ्रष्ट हो गई है जो अपने अग्रज की आज्ञा पालन करने वाले अनुज पर ऐसा दुष्टतापूर्ण लांछन लगा रही हैं। मुझे संशय हो रहा है कि आज आप पर अवश्य कोई संकट आने वाला है। वन के समस्त देवता आपकी रक्षा करें। वन के देवता इसके साक्षी हैं कि मैं आपके द्वारा बलात् भेजा जा रहा हूँ।"

लक्ष्मण के वचन सुनकर सीता के नेत्रों से अश्रुधारा बहने लगे और लक्ष्मण उस ओर चल दिये जिधर राम गये थे।

15
सीता हरण

लक्ष्मण के जाने के पश्चात् रावण को अवसर मिल गया। वह ब्राह्मण भिक्षुक का वेष धारण कर रावण सीता के पास आया और बोला, "हे सुन्दरी! तुम कोई वन देवी हो या लक्ष्मी अथवा कामदेव की प्रिया स्वयं रति हो? इस पृथ्वी पर तो मैंने तुम्हारे जैसी रूपवती, लावण्यमयी युवती मैंने आज तक इस संसार में नहीं देखा है। तुम कौन हो? किसकी कन्या हो? और इस वन में किस लिये निवास कर रही हो? कहाँ यह तुम्हारा तीनों लोकों में सबसे सुन्दर रूप, तुम्हारी सुकुमारता और कहाँ इस दुर्गम वन में निवास? यह स्थान तो इच्छानुसार रूप धारण करनेवाले भयंकर राक्षसों का निवासस्थान है। तुम यहाँ से चली जाओ, तुम यहाँ रहने योग्य नहीं हो।"

सीता ने कहा, "हे ब्राह्मण! मेरा नाम सीता है। मैं मिथिलानरेश जनक की पुत्री और अयोध्यापति दशरथ के ज्येष्ठ पुत्र श्री रामचन्द्र की पत्नी हूँ। पिता की आज्ञा से मेरे पति अपने भाई भरत को अयोध्या का राज्य दे कर चौदह वर्ष के लिये वनवास कर रहे हैं। उन पराक्रमी सत्यपरायण वीर के साथ मेरे तेजस्वी देवर लक्ष्मण भी हैं। आप अतिथि हैं अतः इस आसन पर बैठ कर यह जल और फल ग्रहण कीजिये। मेरे पति अभी आते ही होंगे। अब आप बताइये महात्मन्! आप कौन हैं और यहाँ किस उद्देश्य से पधारे हैं?"

सीता का प्रश्न सुन कर रावण गरज कर बोला, "हे सीते! मैं तीनों लोकों, चौदह भुवनों का विजेता महाप्रतापी लंकापति रावण हूँ जिसके नाम से देवता, दानव, यक्ष, किन्नर, गन्धर्व, मुनि सभी भयभीत रहते हैं। इन्द्र, वरुण, कुबेर जैसे देवता जिसकी सेवा कर के अपने आप को धन्य समझते हैं। मैं तुम्हारे लावण्यमय सौन्दर्य को देख कर अपनी सुन्दर रानियों को भी भूल गया हूँ और मैं तुम्हें ले जा कर अपनी भार्या बनाना चाहता हूँ। हे मृगलोचने! तुम मेरे साथ चल कर नाना देशों से आई हुई मेरी अत्यन्त सुन्दर रानियों पर पटरानी बन कर शासन करो। मेरी नगरी लंका की सुन्दरता को देख कर तुम इस वन के कष्टों को भूल जाओगी। इसलिये मेरे साथ चलने को तैयार हो जाओ।"

रावण का नीचतापूर्ण प्रस्ताव सुन कर सीता क्रुद्ध स्वर में बोली, "हे अधम राक्षस! तुम परम तेजस्वी, अद्भुत पराक्रमी और महान योद्धा रामचन्द्र के पराक्रम को नहीं जानते इसीलिये तुम मेरे सम्मुख यह कुत्सित प्रस्ताव रखने का दुःसाहस कर रहे हो। अरे मूर्ख! क्या तू वनराज सिंह के मुख में से उसके दाँत उखाड़ना चाहता है? तेरे सिर पर काल नाच रहा है इसीलिये तू यह घृणित प्रस्ताव ले कर यहाँ आया है। तेरी मृत्यु ही तुझे यहाँ ले कर आई है।"

सीता के ये अपमानजनक वाक्य सुन कर रावण के अत्यन्त कुपित हो गया। आँखें लाल करते हुये उसने कहा, "सीते! तू मेरे बल और प्रताप को नहीं जानती। मैं आकाश में खड़ा हो कर पृथ्वी को गेंद की भाँति उठा सकता हूँ। अथाह समुद्र को एक चुल्लू में भर कर पी सकता हूँ। मैं तुझे लेने के लिये आया हूँ और ले कर ही जाउँगा।"

यह कह कर रावण ने अपने ब्राह्मण वेश को त्याग कर विकराल रूप धारण कर लिया और दोनों हाथों से सीता को उठा कर अपने कंधे पर बिठा निकटवर्ती खड़े विमान पर जा सवार हुआ। इस प्रकार अप्रत्यशित रूप से पकड़े जाने पर सीता ने 'हा राम! हा राम!!' कहते हुये स्वयं को रावण के हाथों से छुड़ाने का प्रयास किया। परन्तु बलवान रावण के सामने उनकी एक न चली। उसने उन्हें बाँध कर विमान में एक ओर डाल दिया और तीव्र गति से लंका की ओर चल पड़ा। सीता निरन्तर विलाप किये जा रही थी, "हा राम! पापी रावण मुझे लिये जा रहा है। हे लक्ष्मण! तुम कहाँ हो? तुम्हारी बलवान भुजाएँ इस समय इस दुष्ट से मेरी रक्षा क्यों नहीं करतीं? हाय! आज कैकेयी की मनोकामना पूरी हुई।"

इस प्रकार विलाप करती हुई सीता ने मार्ग में खड़े जटायु को देखा। जटायु को देखते ही सीता चिल्लाई, "हे आर्य जटायु! देखो, लंका का यह दुष्ट राजा रावण मेरा अपहरण कर के लिये जा रहा है। इस नराधम से आप मेरी रक्षा करने में आप असमर्थ हैं क्योंकि यह बलवान है और अनेक युद्धों में विजय पाने के कारण इसका दुस्साहस बढ़ा हुआ है। आप रावण द्वारा मेरे हर लिये जाने का यह वृत्तान्त मेरे पति से तो अवश्य ही कह देना।"

16

जटायु वध

सीता की करुण पुकार सुन कर जटायु ने उस ओर देखा तथा रावण को सीता सहित विमान में जाते देख बोले, "अरे रावण! तू एक पर-स्त्री का अपहरण कर के ले जा रहा है। अरे लंकेश! यह महाप्रतापी श्री रामचन्द्र जी की भार्या है। एक राजा होकर तू ऐसा निन्दनीय कर्म कैसे कर रहा है? राजा का धर्म तो पर-स्त्री की रक्षा करना है। तू काम के वशीभूत हो कर अपना विवेक खो बैठा है। छोड़ दे राम की पत्नी को। हे रावण! मेरे समक्ष तू सीता को नहीं ले जा सकता। प्राण रहते तक मैं सीता की रक्षा करूँगा। ठहर! मैं अभी आता हूँ तुझसे युद्ध करने।"

जटायु के इन कठोर अपमानजनक शब्दों को सुन कर रावण उसकी ओर झपटा जो सीता को मुक्त कराने के लिये विमान की ओर तेजी से बढ़ रहा था। विशालाकार दो पर्वतों की भाँति वे एक दूसरे से टकराये। क्रुद्ध जटायु ने अपने पराक्रम से दो बार रावण के धनुष को तोड़ डाला, उसके रथ को तहस-नहस कर डाला और रावण के सारथि का वध कर डाला। उन्होंने मार-मार कर रावण को घायल कर दिया। घायल होने के बाद भी, रावण वृद्ध और दुर्बल जटायु से अधिक शक्तिशाली था। अवसर पा कर उसने जटायु की दोनों भुजायें काट दीं। पीड़ा से व्याकुल हो कर मूर्छित हो वह पृथ्वी पर गिर पड़ा।

जटायु को भूमि पर गिरते देख जानकी "हा राम! हा लक्ष्मण!!" कह कर विलाप करने लगीं। रावण ने सीता को उसके केश पकड़ कर उठा लिया और आकाशमार्ग से लंका की ओर उड़ने लगा। उस समय उन्नत भाल वाली, सुन्दर कृष्ण केशों वाली, गौरवर्णा, मृगनयनी जानकी का सुन्दर मुख रावण की गोद में पड़ा ऐसा प्रतीत हो रहा था जैसे पूर्णमासी का चन्द्रमा नीले बादलों को चीर कर चमक रहा हो। सीता का क्रन्दन सुन कर वन के सिंह, बाघ, मृग आदि रावण से कुपित हो कर उसके विमान के नीचे उसके पीछे पीछे दौड़ने लगे। पर्वतों से गिरते हुये जल-प्रपात ऐसे प्रतीत हो रहे थे मानों वे भी सीता के दुःख से दुःखी हो कर करुण क्रन्दन करते हुये अश्रु बहा रहे हों। श्वेत बादल से आच्छादित सूर्य भी ऐसा प्रतीत हो रहा था जैसे अपनी कुलवधू की दुर्दशा देख कर उसका मुख श्रीहीन हो गया हो। सब सीता के दुःख से दुःखी हो रहे थे।

दुष्ट रावण से मुक्ति का कोई उपाय न देखकर सीता दीनतापूर्वक परमात्मा से प्रार्थना करने लगी, "हे परमपिता परमात्मा! हे प्रभो! मेरी रक्षा करो, रक्षा करो! हे सर्वशक्तिमान! इस समय मेरी रक्षा करने वाला तुम्हारे अतिरिक्त और कोई नहीं है। हे दयामय! मेरे सतीत्व की रक्षा करने वाले केवल तुम ही हो।"

मार्ग में सीता ने नीचे एक पर्वत पर पाँच वानरों को बैठे देखा। उनको देख कर सीता ने, यह सोचकर कि शायद ये राम को मेरा समाचार बता सकें, अपने सुनहरे रंग की रेशमी चादर में वस्त्र-आभूषण बाँधकर उसे उन वानरों के बीच गिरा दिया। तीव्र गति से उड़ने में व्यस्त रावण को सीता के इस कार्य का बोध नहीं हो पाया।

वनों, पर्वतों और सागर को पार करता हुआ रावण सीता सहित लंकापुरी में पहुँचा। वहाँ उसने सीता को मय दानव द्वारा निर्मित सुन्दर महल में रखा और क्रूर राक्षसियों को बुला कर आज्ञा दी, "मेरी आज्ञा के बिना कोई भी इस स्त्री से मिलने न पावे। यह जो भी वस्त्र, आभूषण, खाद्यपदार्थ माँगे, वह तत्काल इसे दिया जाय। इसे किसी भी प्रकार का कष्ट नहीं होना चाहिये और न कोई इसका तिरस्कार करे। अवज्ञा करने वालों को दण्ड मिलेगा।"

इस प्रकार राक्षसनियों को आदेश दे कर अपने महल में पहुँचा। वहाँ उसने अपने आठ शूरवीर सेनापतियों को बुला कर आज्ञा दी, "तुम लोग जा कर दण्डक वन में रहो। हमारे जनस्थान को राम लक्ष्मण नामक दो तपस्वियों ने उजाड़ दिया है। तुम वहाँ रह कर उनकी गतिविधियों पर दृष्टि रखो और उनकी सूचना मुझे यथाशीघ्र देते रहो। अवसर पा कर उन दोनों की हत्या कर डालो। मैं तुम्हारे पराक्रम से भली-भाँति परिचित हूँ इसीलिये उन्हें मारने का दायित्व तुम्हें सौंप रहा हूँ।"

उन्हें इस प्रकार आदेश दे कर वह कामी राक्षस वासना से पीड़ित हो कर सीता से मिलने के लिये चल पड़ा।

17

रावण-सीता संवाद

दुःख से कातर और राम के वियोग में अश्रु बहाती हुई सीता के पास जा कर रावण बोला, "शोभने! अब उस राज्य से च्युत, दीन, तपस्वी राम के लिये अश्रु बहाना व्यर्थ है। राम में इतनी शक्ति कहाँ है कि यहाँ तक आने का मनोरथ भी कर सके। तू उसे विस्मृत कर दे। विशाललोचने! तू मुझे पति के रूप में अंगीकार ले। समुद्र से घिरे सौ योजन विस्तार वाले अपने इस राज्य को मैं तुझे अर्पित कर दूँगा। मैं, जो तीनों लोकों का स्वामी हूँ, तेरे चरणों का दास बन कर रहूँगा। मेरी समस्त सुन्दर रानियाँ तेरी दासी बन कर रहेंगी। समस्त देव, दानव, नर, किन्नर जो मेरे दास हैं, तेरे दास बन कर रहेंगे। तेरे पहले के दुष्कर्म तुझे वनवास का कष्ट देकर समाप्त हो चुके हैं और अब तेरा पुण्यकर्म ही शेष रह गया है।

अब मेरे साथ यहाँ रह कर समस्त प्रकार के पुष्पहार, दिव्य गंध और श्रेष्ठ आभूषण आदि का सेवन कर। सुमुखि! तेरा यह कमल के समान सुन्दर, निर्मल और मनोहर मुख शोक से पीड़ित होकर शोभाहीन हो गया है, मुझे स्वीकार करके उसे पुनः शोभायमान कर। धर्म और लोकलाज का भय निर्मूल है, यह सब मात्र तेरे मिथ्या विचार हैं। किसी सुन्दरी का युद्ध में हरण कर के उसके साथ विवाह करना भी तो वैदिक रीति का ही एक अंग है। इसलिये तू निःशंक हो कर मेरी बन जा। मैं तेरे इन कोमल चरणों पर अपने ये दसों मस्तक रख रहा हूँ, मुझ पर शीघ्र कृपा कर।"

रावण के इन वचनों को सुन कर शोक से कष्ट पाती हुई वैदेही, अपने और रावण के बीच में तिनके का ओट करके, बोली, "हे नराधम! परम पराक्रमी, धर्मपरायण एवं सत्यप्रतिज्ञ दशरथनन्दन श्री रामचन्द्र जी ही मेरे पति हैं। मैं उनके अतिरिक्त किसी अन्य की ओर दृष्टि तक भी नहीं कर सकती। यदि तूने मुझे बलपूर्वक मेरा अपहरण किया होता तो अपने भाई खर की तरह जनस्थान के युद्धस्थल पर ही मारा गया होता किन्तु तू कायरों की तरह मुझे चुरा लाया है। तेरे इस अनर्गल प्रलाप से ऐसा प्रतीत होता है कि अब लंका सहित तेरे विनाश का समय आ गया है।

तू इस भ्रम में मत रह कि यदि देवता और राक्षस तेरा कुछ नहीं बिगाड़ सके तो राम भी तुझे नहीं मार सकेंगे। उनके हाथों से ही तेरी मृत्यु निश्चित है। अब तेरा जीवनकाल समाप्तप्राय हो चुका है। तेरे तेज, बल और बुद्धि तो पहले ही नष्ट हो चुके हैं। और जिसकी बुद्धि नष्ट हो चुकी होती है, उसका विनाश-काल दूर नहीं होता। अरे राक्षसाधम! तू महापापी है इसलिये मेरा स्पर्श नहीं कर सकता। तूने कभी सोचा भी है कि कमलों में विहार करने वाली हंसिनी क्या कभी कुक्कुट के साथ रह सकती है? तू मेरे इस संज्ञाशून्य जड़ शरीर को बाँध कर रख ले या काट डाल पर मैं कलंक देने वाला कोई भी निन्दनीय कार्य नहीं कर सकती।"

सीता के कठोर एवं अपमानजनक वाक्य सुन कर रावण कुपित हो कर बोला, "हे मनोहर हास्य वाली भामिनी! मैं तुझे बारह माह का समय देता हूँ। यदि एक वर्ष के अन्दर तू स्वेच्छापूर्वक मेरे पास नहीं आई तो मैं तेरे टुकड़े-टुकड़े कर दूँगा।"

फिर वह राक्षसनियों से बोला, "तुम इसे यहाँ से अशोक वाटिका में ले जा कर रखो और जितना भय और कष्ट दे सकती हो, दो।"

लंकापति रावण की आज्ञा पाकर राक्षसनियाँ सीता को अशोक वाटिका में ले गईं। अशोक वाटिका एक रमणीय स्थल था किन्तु पति वियोग और निशाचरी दुर्व्यवहार के कारण सीता वहाँ अत्यन्त दुःखी थीं।

सीता का अशोकवाटिका में प्रवेश जानकर पितामह ब्रह्मा देवराज इन्द्र के पास आये और बोले, "सदा सुख में पली हुई पतिव्रता महाभागा सीता पति के चरणों के दर्शन से वंचित होने के कारण दुःख और चिन्ताओं से सन्तप्त हो गई हैं और प्राणयात्रा (भोजन) नहीं कर रही हैं। ऐसी दशा में निःसन्देह वे अपना प्राणत्याग कर देंगी। अतः तुम शीघ्र लंकापुरी में प्रवेश करके उन्हें उत्तम हविष्य प्रदान करो।"

ब्रह्मा जी के आज्ञानुसार इन्द्र तत्काल लंकापुरी पहुँचे। उन्होंने निद्रादेवी की सहायता से समस्त राक्षसों को मोहित कर दिया। फिर वे सीता के पास जाकर बोले, "हे देवि! आप शोक न करें। मैं, शचीपति इन्द्र, राम की सहायता करूँगा। मेरे प्रसाद से वे विशाल सेना लेकर समुद्र पार करके यहाँ आयेंगे। अतः तुम इस हविष्य को स्वीकार करो। इसे खा लेने पर तुम्हें हजारों वर्षों तक भूख और प्यास सन्तप्त नहीं कर पायेंगे।"

शंकित सीता ने उनसे कहा, "मुझे कैसे विश्वास हो कि आप देवराज इन्द्र ही हैं?"

इस पर देवराज इन्द्र ने समस्त देवोचित लक्षणों का प्रदर्शन करके सीता की शंका का निवारण कर दिया।

विश्वास हो जाने पर सीता बोलीं, "यह मेरा सौभाग्य है कि आज आपके मुख से मुझे अपने पति का नाम सुनने को मिला। आप मेरे लिये मेरे श्वसुर दशरथ और पिता जनक के तुल्य हैं। मैं आपके हाथों से इस पायसरूप हविष्य (दूध से बनी हुई खीर) को स्वीकार करती हूँ। यह रघुकुल की वृद्धि करने वाला हो।"

इस प्रकार से इन्द्र द्वारा प्रदत्त हविष्य को खाकर जानकी भूख-प्यास के कष्ट से मुक्त हो गईं और देवराज इन्द्र, राक्षसों को मोहित करने वाली निद्रा के साथ, देवलोक को चले गये।

18

राम की वापसी और विलाप

मारीच का वध कर के राम आश्रम की ओर लौट रहे थे तो पीछे से एक मादा सियार ने बड़े कठोर स्वर में चीत्कार किया। वन के मृग एवं पक्षी उनके बायीं ओर चलने और उड़ने लगे। इन अपशकुनों को देखकर राम का हृदय आशंकित हो उठा। उन्हें सीता के अशुभ की चिन्ता सन्तप्त करने लगी। इतने में ही उन्होंने मार्ग में लक्ष्मण को आते देखा। लक्ष्मण को देख कर उन्हें ऐसा प्रतीत हुआ कि किसी राक्षसी षड़यंत्र के फलस्वरूप सीता किसी कठिनाई में फँस गई है।

चिन्तित हो कर उन्होंने लक्ष्मण से पूछा, "लक्ष्मण! सीता कहाँ है? मैंने तुम्हें आदेश दिया था कि तुम सीता की रक्षा करना तो तुम उसे अकेली कैसे छोड़ आये? वह किसी विपत्ति में तो नहीं फँस गई? वह जीवित होगी कि नहीं? शीघ्र बताओ उसे क्या हुआ है? यदि वह जीवित नहीं होगी तो मैं भी अपने प्राण त्याग दूँगा। कहीं ऐसा तो नहीं है कि उस मायावी राक्षस ने हा 'लक्ष्मण!' कह कर तुम्हें भी भ्रम में डाल दिया है और तुम सीता को अकेली छोड़ कर यहा दौड़ आये हो? अथवा सीता ने ही भ्रमित हो कर तुम्हें यहाँ आने को विवश किया हो। ऐसा प्रतीत होता है कि राक्षसों ने अपने प्रतिशोध लेने के लिये यह चाल चली है और तुम इसमें फँस गये हो। खर और दूषण की मृत्यु का बदला लेने के लिये उन्होंने सीता का वध कर डाला होगा।"

राम के इन वचनों से व्यथित लक्ष्मण बोले, "भैया! मैं उन्हें स्वयं अपनी इच्छा से छोड़ कर नहीं आया हूँ। मैंने उन्हें अनेक प्रकार से समझाया किन्तु वे चेतना मोह से ग्रसित होकर मुझसे कहने लगीं कि तुम्हारे मन में पापपूर्ण भाव भरा हुआ है, तुम अपने भाई के दुश्मन हो और उनकी मृत्यु के पश्चात् मुझे प्राप्त करना चाहते हो। उनके इस प्रकार से कहने पर मैं रोष से भर उठा और आश्रम से निकल आया। इस प्रकार से उन्होंने ही कठोर वचन कह कह कर मुझे यहाँ आने के लिये विवश कर दिया।"

लक्ष्मण के वचनों को सुनकर राम ने कहा, "सौम्य! तुम सीता को छोड़ कर चले आये यह तुमने अच्छा नहीं किया। सीता तो क्रोध में विक्षिप्त हो रही थी और क्रोध में भरी हुई नारी

के मुख से कठोर वचन निकलना आश्चर्य की बात नहीं है। किन्तु तुम तो समझदार हो। मेरे आदेश की अवहेलना कर तुम्हारा इस प्रकार से चले आना अनुचित है।"

चिन्तित राम और लक्ष्मण जब अपने आश्रम पहुँचे तो। उन्हें सीता कहीं दिखाई नहीं दी। उन्होंने समस्त पर्णशालाओं को देख डाला किन्तु वे सभी सभी सूनी मिलीं। जैसे हेमन्त ऋतु के हिम से ध्वस्त होकर कमलिनी श्रीहीन हो जाती है उसी प्रकार से पर्णशालाएँ शोभाशून्य थीं। आश्रम के वृक्ष और पत्ते भी वायु में सन-सना कर दुःख से रो रहे प्रतीत होते थे। मृगछाला और कुश इधर-उधर बिखरे पड़े थे, आसन औंधे पड़े थे, वृक्षों के फूल-पत्ते तथा कहीं-कहीं टहनियाँ टूटी या अधटूटी पड़ी थीं।

आश्रम का अस्त-व्यस्त दृश्य देख कर राम विचार करने लगे। सीता का किसी ने हरण कर लिया, अथवा किसी दुष्ट राक्षस ने उसे अपना आहार बना लिया। कहीं वह फूल चुनने तो नहीं गई या जल लाने नदी पर तो नहीं चली गई। जब सब ओर खोजने पर भी उन्हें सीता कहीं दिखाई न दी तो शोक के कारण उनकी आँखें लाल हो गईं। नदी-नालों, पर्वत-कन्दराओं में जा-जा कर वे उन्मत्त की भाँति आवाज दे-दे कर सीता की खोज करने लगे।

अन्त में उनकी उन्मत्तता इतनी बढ़ गई कि वे कभी कदम्ब के वृक्ष के पास जाकर कहते, "हे कदम्ब! मेरी सीता को तेरे पुष्पों से बहुत स्नेह था। तू ही बता वह कहाँ है?" कभी विल्व के पास जा कर उससे पूछते, "हे विल्व विटप! क्या तुमने पीतवस्त्रधारिणी सीता को कहीं देखा है?" इस प्रकार वे कभी किसी वृक्ष से, कभी किसी लता से और कभी पुष्प समूहों से सीता का पता पूछते। कभी अशोक वृक्ष के पास जा कर कहते, "अरे अशोक विटप! तेरा तो नाम ही अशोक है, फिर तू सीता से मेरी भेंट करा कर मेरे शोक का हरण क्यों नहीं करता?" फिर ताड़ के वृक्ष से कहते, "तू तो सब वृक्षों से ऊँचा है। तू दूर-दूर की वस्तुएँ देख सकता है। देख कर बता क्या तुझे सीता कहीं दिखाई दे रही है। चुपचाप खड़ा न रह। यदि तू देखना चाहेगा तो तुझे वह अवश्य दिखाई देगी।"

इस प्रकार नाना प्रकार के वृक्षों से पूछ-पूछ कर रामचन्द्र विलाप करने लगे, "हे प्राणवल्लभे जानकी! तू कहाँ छिप गई? यदि तू वृक्षों की ओट में छिप कर हँसी कर रही है तो मैं तुझसे प्रार्थना करता हूँ, तू प्रकट हो जा। देख, मैं तेरे बिना कितना व्याकुल हो रहा हूँ। अब बहुत हँसी हो चुकी। मैं हार मानता हूँ। मैं तुझे नहीं ढूँढ पा रहा हूँ। या तू सचमुच मुझसे रूठ गई है। हा सीते! बोल, जल्दी बोल, तू कहाँ है? इधर देख, तेरे साथ खेलने वाले मृग शावक भी तेरे वियोग में अश्रु बहा रहे हैं। सीते! तेरे बिना मैं जीवित नहीं रह सकता। मैं चाहता हूँ, अभी तेरे वियोग में अपने प्राण त्याग दूँ किन्तु पिता की आज्ञा से विवश हूँ। मुझे स्वर्ग में पा कर वे धिक्करेंगे और कहेंगे 'तू मेरी आज्ञा की अवहेलना कर के – चौदह वर्ष की वनवास की अवधि पूरी किये बिना ही – स्वर्ग में कैसे चला आया।' हा! मैं कितना अभागा हूँ, जो तुम्हारे विरह में मर भी नहीं सकता। हाय जानकी! तुम ही बताओ, तुम्हारे बिना मैं क्या करूँ?"

बड़े भाई को विलाप करते देख लक्ष्मण ने उन्हें धैर्य बँधाते हुये कहा, "हे नरोतम! रोने और धैर्य खोने से कोई लाभ नहीं होगा। आइये, आश्रम से बाहर चल कर वनों और गिरि-

कन्दराओं में भाभी की खोज करें। उन्हें वनों तथा पर्वतों में भ्रमण करने का चाव था। सम्भव है, वहीं कहीं भ्रमण कर रही हों। यह भी सम्भव है कि गोदावरी के तट पर बैठी मछलियों की जलक्रीड़ा देख रहीं हों या किसी भय की आशंका से भयभीत हो कर किसी लता कुँज में बैठी हों। इसलिये हमारे लिये यही उचित है कि हम विषाद और चिन्ता को छोड़ कर उनकी खोज करें।"

लक्ष्मण के युक्तियुक्त वचन सुन कर राम उसके साथ वनों, लताओं, गिरि-कन्दराओं आदि में खोज करने के लिये चले। उन दोनों ने समस्त वन, पर्वत-कन्दरा आदि में खोज डाला, किन्तु सीता उन्हें कहीं नहीं मिली।

अन्त में राम निराश हो कर बोले, "सौमित्र! यहाँ तो कोई ऐसा स्थान शेष नहीं बचा जहाँ हमने जानकी की खोज न की हो, परन्तु हमें सर्वत्र निराशा ही हाथ लगी। अब ऐसा प्रतीत होता है कि मेरी सीता मुझे कभी नहीं मिलेगी। मैं वनवास की अवधि बिता कर जब अयोध्या लौटूँगा और माता कौसल्या पूछेंगी कि सीता कहाँ है तो मैं उन्हें क्या उत्तर दूँगा? मिथिलापति जनक को क्या मुँह दिखाऊँगा।"

वे जोर-जोर से विलाप करने लगे, "हे सीते! मैं तुम्हें कहाँ ढूँढू? हे वनों के मृगों! क्या तुमने कहीं मृगनयनी सीता को देखा है? हे वनों की कोकिलों! क्या तुमने कहीं कोकिलाकण्ठी जानकी को देखा है? कोई तो कुछ बताओ। क्या सभी मेरे लिये निर्मोही हो गये हो? कोई नहीं बोलता, कोई नहीं बताता। कोई भी मुझसे बात करना नहीं चाहता। मैं नपुंसक हूँ, कायर हूँ जो अपनी भार्या की रक्षा न कर सका।"

थोड़ी देर मौन रहने के पश्चात् वे फिर लक्ष्मण से बोले, "हे सौमित्र! अब सीता के बिना मैं किसी को मुख दिखाने के लायक नहीं रहा। मैं अवधि पूर्ण होने पर भी अयोध्या नहीं जाउँगा। तुम अब अयोध्या लौट जाओ। भरत से कह देना अब तुम ही अयोध्या का राज्य सँभालो। मैं कभी नहीं लौटूँगा। माता कौसल्या से कहना कि किस प्रकार सीता का अपहरण हो गया और उसकी विरह-व्यथा को न सह सकने के कारण राम ने आत्महत्या कर ली। अब तुम्हारे जाते ही मैं गोदावरी नदी में डूब कर अपने प्राण त्याग दूँगा। मैं इस संसार में सबसे बड़ा पापी हूँ। इसीलिये तो मुझे एक के पश्चात् एक अनेक दुःख मिलते चले जा रहे हैं। पहले पिताजी का स्वर्गवास हुआ और अब सीता भी मुझे छोड़ कर जाने कहाँ चली गई।

घर बार और सम्बंधी तो पहले ही छूट गये थे। मुझे रह-रह कर यह ध्यान आता है कि सीता राक्षसों के चंगुल में फँस गई है। वह भी रो-रो कर अपने प्राण विसर्जित कर रही होगी। तुम कहते हो कि वन में या गोदावरी के तट पर गई होगी। ये सब मुझे बहलाने की बातें हैं। जो वनवास की इतनी लम्बी अवधि में एक बार भी आश्रम से अकेली बाहर नहीं निकली, वह आज ही कैसे जा सकती है? अवश्य ही राक्षसों ने उसका अपहरण कर लिया है अथवा उसे अपना आहार बना लिया है। इन वृक्षों, पशुओं आदि से इतना सामीप्य होते हुये भी कोई मुझे सीता का पता नहीं बताता। हा सीते! हा प्राणवल्लभे! तू ही बता मैं तुझे कहाँ ढूँढू? कहाँ जा कर खोजूँ?"

19

पम्पासर में राम हनुमान भेंट

कमल, उत्पल तथा मत्स्यों से परिपूर्ण पम्पा सरोवर के पास पहुँचने पर वहाँ के रमणीय दृश्यों को देख कर राम को फिर सीता का स्मरण हो आया और वे पुनः विलाप करने लगे।

उन्होंने लक्ष्मण से कहा, "हे सौमित्र! इस पम्पा सरोवर का जल वैदूर्यमणि के समान स्वच्छ एव श्याम है। इसमें खिले हुये कमल पुष्प और क्रीड़ा करते हुये जल पक्षी कैसे सुशोभित हो रहे हैं! चैत्र माह ने वृक्षों को पल्लवित कर फूलों और फलों से समृद्ध कर दिया है। चारों ओर मनोहर सुगन्ध बिखर रही है। यदि आज सीता भी अपने साथ होती तो इस दृश्य को देख कर उसका हृदय कितना प्रफुल्लित होता। ऐसा प्रतीत होता है कि वसन्तरूपी अग्नि मुझे जलाकर भस्म कर देगी।

हा सीते! तुम न जाने किस दशा में रो-रो कर अपना समय बिता रही होगी। मैं कितना अभागा हूँ कि तुम्हें अपने साथ वन में ले आया, परन्तु तुम्हारी रक्षा न कर सका। हा! पर्वत-शिखरों पर नृत्य करते हुये मोरों के साथ कामातुर हुई मोरनियाँ कैसा नृत्य कर रहीं हैं। हे लक्ष्मण! जिस स्थान पर सीता होगी, यदि वहाँ भी इसी प्रकार वसन्त खिला होगा तो वह उसके विरह-विदग्ध हृदय को कितनी पीड़ा पहुँचा रहा होगा। वह अवश्य ही मेरे वियोग में रो-रो कर अपने प्राण दे रही होगी। मैं जानता हूँ, वह मेरे बिना पानी से बाहर निकली हुई मछली की भाँति तड़प रही होगी। उसकी वही दशा हो रही होगी जो आज मेरी हो रही है, अपितु मुझसे अधिक ही होगी क्योंकि स्त्रियाँ पुरुषों से अधिक भावुक और कोमल होती हैं।

यह सम्पूर्ण दृश्य इतना मनोरम है कि यदि सीता मेरे साथ होती तो इस स्थान को छोड़ कर मैं कभी अयोध्या न जाता। सदैव उसके साथ यहीं रमण करता। किन्तु यह तो मेरा स्वप्नमात्र है। आज तो यह अभागा प्यारी सीता के वियोग में वनों में मारा-मारा फिर रहा है। जिस सीता ने मेरे लिये महलों के सुखों का परित्याग किया, मैं उसीकी वन में रक्षा नहीं कर सका। मैं कैसे यह जीवन धारण करूँ? मैं अयोध्या जा कर किसी को क्या बताऊँगा? माता कौसल्या को क्या उत्तर दूँगा? मुझे कुछ सुझाई नहीं देता। मैं इस विपत्ति के पहाड़ के

नीचे दबा जा रहा हूँ। मुझे इस विपत्ति से छुटकारे का कोई उपाय नहीं सूझ रहा है। मैं यहीं पम्पासर में डूब कर अपने प्राण दे दूँगा। भाई लक्ष्मण! तुम अभी अयोध्या लौट जाओ। मैं अब जनकनन्दिनी सीता के बिना जीवित नहीं रह सकता।"

बड़े भाई की यह दशा देख कर लक्ष्मण बोले, "हे पुरुषोत्तम राम! आप शोक न करें। हे तात रघुनन्दन! आप यदि रावण पाताल में या उससे भी अधिक दूर चला जाये तो भी वह अब किसी भी तरह से जीवित नहीं रह सकता। आप पहले उस पापी राक्षस का पता लगाइये। फिर वह सीता को वापस करेगा या अपने प्राणों से हाथ धो बैठेगा। आप तो अत्यन्त धैर्यवान पुरुष हैं। आपको ऐसी विपत्ति में सदैव धैर्य रखना चाहिये। हम लोग अपने धैर्य, उत्साह और पुरुषार्थ के बल पर ही रावण को परास्त कर के सीता को मुक्त करा सकेंगे। आप धैर्य धारण करें।"

लक्ष्मण के इस प्रकार से समझाने पर अत्यन्त सन्तप्त राम ने शोक और मोह का परित्याग कर के धैर्य धारण किया। वे पम्पा सरोवर को लाँघ कर आगे बढ़े।

चलते-चलते जब वे ऋष्यमूक पर्वत के निकट पहुँचे तो अपने साथियों के साथ उस पर्वत पर विचरण करने वाले बलवान वानरराज सुग्रीव ने इन दोनों तेजस्वी युवकों को देखा।

इन्हें देख कर सुग्रीव के मन में शंका हुई और उन्होंने अपने मन्त्रियों से कहा, "निश्चय ही वालि ने इन दोनों धनुर्धारी वीरों को छद्मवेश में भेजा है।"

भयभीत होकर सुग्रीव अपने मन्त्रियों के साथ ऋष्यमूक पर्वत के शिखर चले गये।

सुग्रीव को इस प्रकार चिन्तित देख कर वाक्पटु हनुमान बोले, "हे वानराधिपते! वालि तो शापवश यहाँ आ ही नहीं सकता, आप सहसा ऐसे चिन्तित क्यों हो रहे हैं?"

हनुमान के प्रश्न को सुन कर सुग्रीव बोले, "मुझे ऐसा प्रतीत होता है कि ये दोनों पुरुष वालि के भेजे हये गुप्तचर हैं और तपस्वियों का भेष धारण कर के हमारी खोज में आये हैं। हमें इनकी ओर से निश्चिन्त नहीं होना चाहिये। हनुमान! तुम वेष बदल कर इनके पास जाओ और इनका सम्पूर्ण भेद ज्ञात करो। यदि मेरा सन्देह ठीक हो तो शीघ्र इस विषय में कुछ करना।"

सुग्रीव का निर्देश पा कर हनुमान भिक्षु का भेष धारण कर राम-लक्ष्मण के पास पहुँचे। उन दोनों को प्रणाम करके वे अत्यन्त विनीत एवं मृदु वाणी में बोले, "हे वीरों! आप दोनों सत्यपराक्रमी एवं देवताओं के समान प्रभावशाली जान पड़ते हैं। आप लोग इस वन्य प्रदेश में किसलिये आये हैं? आपके अंगों की कान्ति सुवर्ण के समान प्रकाशित हो रही है। आपकी विशाल भुजाओं और वीर वेश को देख कर ऐसा प्रतीत होता है कि आप इन्द्र को भी परास्त करने की क्षमता रखते हैं, परन्तु फिर भी आपका मुखमण्डल कुम्हलाया हुआ है और आप ठण्डी साँसे भर रहे हैं।

इसका क्या कारण है? कृपया आप अपना परिचय दीजिये। आप इस प्रकार मौन क्यों हैं? यहाँ पर्वत पर वानरश्रेष्ठ सुग्रीव रहते हैं। उनके भाई वालि ने उन्हें घर से निकाल दिया है। वानरशिरोमणि सुग्रीव आप दोनों से मित्रता करना चाहते हैं। उन्हीं की आज्ञा से मैं आपका

परिचय प्राप्त करने के लिये यहाँ आया हूँ। मैं वायुदेवता का पुत्र हूँ और मेरा नाम हनुमान है। मैं भी वानर जाति का हूँ। अब आप कृपया अपना परिचय दीजिये। मैं सुग्रीव का मन्त्री हूँ और इच्छानुकूल वेष बदलने की क्षमता रखता हूँ। मैंने आपको सब कुछ बता दिया है। आशा है आप भी अपना परिचय दे कर मुझे कृतार्थ करेंगे और वन में पधारने का कारण बतायेंगे।"

हनुमान की चतुराई भरी स्पष्ट बातों को सुन कर राम ने लक्ष्मण से कहा, "हे सौमित्र! इनकी बातों से मुझे पूर्ण विश्वास हो गया है कि ये महामनस्वी वानरराज सुग्रीव के सचिव हैं और उन्हीं के हित के लिये यहाँ आये हैं। इसलिये तुम निर्भय हो कर इन्हें सब कुछ बता दो।"

राम की आज्ञा पा कर लक्ष्मण हनुमान से बोले, "हे वानरश्रेष्ठ! सुग्रीव के गुणों से हम परिचित हो चुके हैं। हम उन्हें ही खोजते हुये यहाँ तक आये हैं। आप सुग्रीव के कथनानुसार जब मैत्री की बात चला रहे हैं वह हमें स्वीकार है। हम अयोध्यापति महाराज दशरथ के पुत्र हैं। ये श्री रामचन्द्र जी उनके ज्येष्ठ पुत्र और मैं इनका छोटा भाई लक्ष्मण हूँ। चौदह वर्ष का वनवास पाकर ये वन में रहने के लिये अपनी धर्मपत्नी सीता और मेरे साथ आये थे। रावण ने सीता जी का हरण कर लिया है। इसी विचार से कि सम्भवतः वे हमारी सहायता कर सकें, हम लोग महाराज सुग्रीव के पास आये हैं। हे वानरराज! जिस चक्रवर्ती सम्राट दशरथ के चरणों में सम्पूर्ण भूमण्डल के राजा-महाराजा सिर झुकाते थे और उनके शरणागत होते थे, उन्हीं महाराज के ज्येष्ठ पुत्र आज समय के फेर से सुग्रीव की शरण में आये हैं। ताकि महाराज सुग्रीव अपने दलबल सहित इनकी सहायता करें।"

इतना कहते हुये लक्ष्मण का कण्ठ अवरुद्ध हो गया।

लक्ष्मण के वचन सुन कर हनुमान बोले, "हे लक्ष्मण! आप लोगो के आगमन से आज हमारा देश पवित्र हुआ। हम लोग आपके दर्शनों से कृतार्थ हुये। जिस प्रकार आप लोग विपति में हैं, उसी प्रकार सुग्रीव पर भी विपत्ति की घटाएँ छाई हुईं हैं। वालि ने उनकी पत्नी का हरण कर लिया है तथा उन्हें राज्य से निकाल दिया है। इसीलिये वे इस पर्वत पर निर्जन स्थान में निवास करते हैं। फिर भी मैं आपको विश्वास दिलाता हूँ कि वे सब प्रकार से आपकी सहायता करेंगे।" इतना कह कर हनुमान बड़े आदर से रामचन्द्र और लक्ष्मण को सुग्रीव के पास ले गये।

20

राम-सुग्रीव मैत्री

हनुमान अपने साथ राम और लक्ष्मण को लेकर किष्किन्धा पर्वत के मलय शिखर पर, जहाँ पर कि सुग्रीव अपने अन्य मन्त्रियों के साथ बैठे थे, ले गये। सुग्रीव से दोनों भाइयों का परिचय कराते हुये हनुमान ने कहा, "हे महाप्राज्ञ! अयोध्या के महाराज दशरथ के ज्येष्ठ पुत्र महापराक्रमी श्री रामचन्द्र जी अपने अनुज लक्ष्मण जी के साथ यहाँ पधारे हैं। इनके पंचवटी में निवासकाल में इनकी पत्नी सीता जी को लंका का राजा रावण चुरा ले गया। उन्हीं की खोज के लिये ये आपकी सहायता चाहते हैं। ये आपसे मित्रता करने की इच्छा रखते हैं। आपको इनकी मित्रता स्वीकार कर इनका यथोचित सत्कार करना चाहिये क्योंकि ये बड़े गुणवान, पराक्रमी और धर्मात्मा हैं। ये दोनों हमारे लिये परम पूजनीय हैं।"

राम और लक्ष्मण का परिचय पाकर प्रसन्नचित सुग्रीव बोले, "हे प्रभो! आप धर्मज्ञ, परम तपस्वी और सब पर दया करने वाले हैं। आप नर होकर भी मुझ वानर से मित्रता कर रहे हैं यह मेरा परम सौभाग्य है। आपकी मित्रता से मुझे ही उत्तम लाभ होगा। मेरा हाथ आपकी मैत्री के लिये फैला हुआ है, आप इसे अपने हाथ में लेकर परस्पर मैत्री का अटूट सम्बन्ध बना दें।"

सुग्रीव के वचन सुन कर राम ने अत्यन्त प्रसन्न होकर सुग्रीव के हाथ को अपने हाथ में लिया फिर प्रेमपूर्वक सुग्रीव को छाती से लगा लिया।

हनुमान ने भिक्षुरूप त्याग कर अग्नि प्रज्वलित की। राम और सुग्रीव ने अग्नि की प्रदक्षिणा कर मैत्री की शपथ ली और दोनों एक दूसरे के मित्र बन गये।

इसके पश्चात् राम और सुग्रीव अपने-अपने आसनों पर बैठ कर परस्पर वार्तालाप करने लगे। सुग्रीव ने कहा, "हे राम! मेरे ज्येष्ठ भ्राता वालि ने मुझे घर से निकाल कर मेरी पत्नी का अपहरण कर लिया है और मेरा राज्य भी मुझसे छीन लिया है। वह अत्यधिक शक्तिशाली है। मैं उससे भयभीत हो कर ऋष्यमूक पर्वत के इस मलयगिरि प्रखण्ड में निवास कर रहा हूँ। आप अत्यन्त पराक्रमी और तेजस्वी हैं। आप मुझे अभय दान देकर वालि के भय से मुक्त करें।"

सुग्रीव के दीन वचन सुन कर राम बोले, "हे सुग्रीव! मित्र तो उपकाररूप फल देने वाला होता है, मैं अपने तीक्ष्ण बाणों से तुम्हारी पत्नी के हरण करने वाले वालि का वध कर दूँगा। अब तुम उसे मरा हुआ ही समझो।"

सुग्रीव ने प्रसन्नतापूर्वक कहा, "हे राम! मेरे मन्त्रियों में श्रेष्ठ सचिव हनुमान मुझे आपकी विपत्ति की सम्पूर्ण कथा बता चुके हैं। आपकी पत्नी सीता आकाश या पाताल में कहीं भी हो, मैं अवश्य उनका पता लगवाऊँगा। रावण तो क्या, इन्द्र आदि देवता भी सीता को मेरे वानरों की दृष्टि से छिपा कर नहीं रख सकते। राघव! कुछ ही दिनों पूर्व एक राक्षस एक स्त्री को लिये जा रहा था। उस समय हम इसी पर्वत पर बैठे थे। तब हमने उस स्त्री के मुख से 'हा राम! हा लक्ष्मण!' शब्द सुने थे। मेरा अनुमान है कि वह सीता ही थी। उसे मैं भली-भाँति देख नहीं पाया। हमें बैठे देख कर उसने कुछ वस्त्राभूषण नीचे फेंके थे। वे हमारे पास सुरक्षित रखे हैं। आप उन्हें पहचान कर देखिये, क्या वे सीता जी के ही है।"

यह कह कर सुग्रीव ने एक वानर को वस्त्राभूषणों को लाने की आज्ञा दी। उन वस्त्राभूषणों को देखते ही राम का धीरज जाता रहा। वे नेत्रों से अश्रु बहाते हुये शोकविह्वल हो गये और धैर्य छोड़ कर पृथ्वी पर गिर पड़े।

चेतना लौटने पर वे लक्ष्मण से बोले, "हे लक्ष्मण! सीता के इन आभूषणों को पहचानो। राक्षस के द्वारा हरे जाने पर सीता ने इन आभूषणों पृथ्वी पर गिरा दिया होगा।"

लक्ष्मण ने कहा, "भैया! इन आभूषणों में से न तो मैं हाथों के कंकणों को पहचानता हूँ, न गले के हार को और न ही मस्तक के किसी अन्य आभूषणों को पहचानता हूँ। क्योंकि मैंने आज तक सीता जी के हाथों और मुख की ओर कभी दृष्टि नहीं डाली। हाँ, उनके चरणों की नित्य वन्दना करता रहा हूँ इसलिये इन नूपुरों को अवश्य पहचानता हूँ, ये वास्तव में उन्हीं के हैं।"

राम-सुग्रीव वार्तालाप

राम ने सुग्रीव से कहा, "हे सुग्रीव! मुझे बताओ कि वह भयंकर रूपधारी राक्षस मेरी प्राणेश्वरी सीता को लेकर किस दिशा में गया है? तुम शीघ्र पता लगाओं कि वह राक्षस कहाँ रहता है? वानरराज! धोखे में डालकर और मेरा अपमान करके मेरी प्रियतमा को अपहरण करने वाला वह निशाचर मेरा घोर शत्रु है। मैं आज ही उसका वध कर के सीता को मुक्त कराउँगा।"

राम के शोक से पीड़ित वचन को सुन कर सुग्रीव ने उन्हें आश्वासन दिया, "हे राम! मैं नीचकुल में उत्पन्न उस पापात्मा राक्षस की शक्ति और गुप्त स्थान से परिचित नहीं हूँ किन्तु मैं आपको विश्वास दिलाता हूँ कि मैं शीघ्र ही ऐसा यत्न करूँगा कि मिथिलेशकुमारी सीता आपको मिल जायें। अतः आप धैर्य धारण करें। इस प्रकार से व्याकुल होना व्यर्थ है। व्याकुल होने पर मनुष्य की बुद्धि गम्भीर नहीं रह पाती। आपको इस प्रकार से अधीर होना शोभा नहीं देता। मुझे भी पत्नी के विरह का महान कष्ट प्राप्त हुआ है तथापि मैं पत्नी के लिये निरन्तर शोक नहीं करता। जब मैं वानर होकर धैर्य धारण कर सकता हूँ तो आप तो

नर हैं, महात्मा हैं, सुशिक्षित हैं, आप मुझसे भी अधिक धैर्य धारण कर सकते हैं। मैं आपको उपदेश नहीं दे रहा हूँ, सिर्फ मित्रता के नाते आपके हित में सलाह दे रहा हूँ।"

सुग्रीव की बात सुन कर राम नेत्रों से अश्रु पोंछ कर बोले, "हे वानरेश! तुमने वही किया है जो एक स्नेही और हितैषी मित्र को करना चाहिये। तुम्हारा कार्य सर्वथा उचित है। सखे! तुम्हारे इस आश्वासन ने मेरी चिन्ता को दूर करके मुझे स्वस्थ बना दिया है। तुम जैसे स्नेही मित्र बहुत कम मिलते हैं। तुम सीता का पता लगाने में मेरी सहायता करो और मैं तुम्हारे सामने ही दुष्ट वालि का वध करूँगा। उसके विषय में तुम मुझे सारी बातें बताओ। विश्वास करो, वालि मेरे हाथों से नहीं बच सकता।"

राम की प्रतिज्ञा से सन्तुष्ट हो कर सुग्रीव बोले, "हे रघुकुलमणि! वालि ने मेरा राज्य और मेरी प्यारी पत्नी मुझसे छीन ली है। अब वह दिन रात मुझे मारने का उपाय सोचा करता है। उसके भय के कारण ही मैं इस पर्वत पर निवास करता हूँ। उससे ही भयभीत होकर मेरे सब साथी एक एक-करके मेरा साथ छोड़ गये हैं। अब ये केवल चार मित्र मेरे साथ रह गये हैं। वालि अत्यन्त बलवान है। उसके भय से मेरे प्राण सूख रहे हैं। बह इतना बलवान है कि उसने दुंदुभि नामक बलिष्ठ राक्षस को देखते देखते मार डाला। जब वह साल के वृक्ष को अपनी भुजाओं में भर कर झकझोरता है तो उसके सारे पत्ते झड़ जाते हैं। उसके असाधारण बल को देख कर मुझे संशय होता है कि आप उसे मार पायेंगे।"

सुग्रीव की आशंका को सुन कर लक्ष्मण ने मुस्कुराते हुये कहा, "हे सुग्रीव! तुम्हें इस बात का विश्वास कैसे होगा कि श्री रामचन्द्र जी वालि को मार सकेंगे?"

यह सुन कर सुग्रीव बोला, " सामने जो साल के सात वृक्ष खड़े हैं उन सातों को एक-एक करके वालि ने बींधा है, यदि राम इनमें से एक को भी बींध दें तो मुझे आशा बँध जायेगी। ऐसी बात नहीं है कि मुझे राम की शक्ति पर पूर्ण विश्वास नहीं है किन्तु मैं केवल वालि से भयभीत होने के कारण ही ऐसा कह रहा हूँ।"

सुग्रीव के ऐसा कहने पर राम ने धनुष पर प्रत्यंचा चढ़ाई और बाण छोड़ दिया, जिसने भीषण टंकार करते हुये एक साथ सातों साल वृक्षों को और पर्वत शिखर को भी बींध डाला।

राम के इस पराक्रम को देख कर सुग्रीव विस्मित रह गया और उनकी भूरि-भूरि प्रशंसा करते हुए बोला, "प्रभो! वालि को मार कर आप मुझे अवश्य ही निश्चिन्त कर दें।"

21
वालि-वध

तदन्तर वे सब लोग वालि की राजधानी किष्किन्धापुरी में गये। वहाँ पहुँच कर राम एक गहन वन में ठहर गये और सुग्रीव से कहा, "तुम वालि को युद्ध के लिये ललकारो और निर्भय हो कर युद्ध करो।"

राम के वचनों से उत्साहित हो कर सुग्रीव ने वालि को युद्ध करने के लिये ललकारा। सुग्रीव के इस सिंहनाद को सुन कर वालि को अत्यन्त क्रोध आया। क्रोधित वालि आँधी के वेग से बाहर आया और सुग्रीव पर टूट पड़ा। वालि और सुग्रीव में भयंकर युद्ध छिड़ गया। उन्मत्त हुये दोनों भाई एक दूसरे पर घूंसों और लातों से प्रहार करने लगे। श्री रामचन्द्र जी ने वालि को मारने कि लिये अपना धनुष सँभाला परन्तु दोनों का आकार एवं आकृति एक समान होने के कारण वे सुग्रीव और वालि में भेद न कर सके। इसलिये उन्होंने बाण छोड़ना स्थगित कर दिया।

वालि की मार न सह सकने के कारण सुग्रीव ऋष्यमूक पर्वत की ओर भागा। राम लक्ष्मण तथा अन्य वानरों के साथ सुग्रीव के पास पहुँचे। राम को सम्मुख पा कर उसने उलाहना देते हुये कहा, "मुझे युद्ध के लिये भेज कर आप पिटने का तमाशा देखते रहे। बताइये आपने ऐसा क्यों किया? यदि आपको मेरी सहायता नहीं करनी थी तो मुझसे पहले ही स्पष्ट कह देना चाहिये था कि मैं वालि को नहीं मारूँगा, मैं उसके पास जाता ही नहीं।"

सुग्रीव के क्रुद्ध शब्द सुन कर रामचन्द्र ने बड़ी नम्रता से कहा, "सुग्रीव! क्रोध त्यागो और मेरी बात सुनो। तुम दोनों भाई रंग-रूप, आकार, गति और आकृतियों में एक समान हो अतः मैं तुम दोनों में अन्तर नहीं कर सका और मैंने बाण नहीं छोड़ा। यदि मेरा बाण वालि को लगने के स्थान पर तुम्हें लग जाता तो मैं जीवन भर किसी को मुख दिखाने लायक नहीं रहता। वानरेश्वर! अपनी पहचान के लिये तुम कोई चिह्न धारण कर लो जिससे मैं तुम्हें पहचान लूँ और फिर से युद्ध के लिये जाओ।"

इतना कहकर वे लक्ष्मण से बोले, "हे लक्ष्मण! यह उत्तम लक्षणों से युक्त गजपुष्पी लता फूल रहे है। इसे उखाड़ कर महामना सुग्रीव के गले में पहना दो।"

लक्ष्मण ने वैसा ही किया और सुग्रीव फिर से युद्ध करने चला।

इस बार सुग्रीव ने दूने उत्साह से सिंहनाद करते हुये घोर गर्जना की जिसे सुन कर वालि आँधी के वेग से बाहर की ओर दौड़ने को उद्यत हुआ। किन्तु उसकी पत्नी तारा ने भयभीत होकर वालि को रोकते हुये कहा, "हे वीरश्रेष्ठ! अभी आप का युद्ध के लिये जाना श्रेयस्कर नहीं है। सुग्रीव एक बार मार खा कर भाग जाने के पश्चात् फिर युद्ध करने के लिये लौटा है। इससे मेरे मन में शंका उत्पन्न हो रही है।

ऐसा प्रतीत होता है कि उसे कोई प्रबल सहायक मिल गया है और वह उसीके बल पर आपको ललकार रहा है। मुझे कुमार अंगद से सूचना मिल चुकी है कि अयोध्या के अजेय राजकुमारों राम और लक्ष्मण के साथ उसकी मैत्री हो गई है। सम्भव है वे ही उसकी सहायता कर रहे हों। राम के पराक्रम के विषय में तो मैंने भी सुना है। वे शत्रुओं को देखते-देखते धराशायी कर देते हैं। यदि वे स्वयं सुग्रीव की सहायता कर रहे हैं तो उनसे लड़ कर आपका जीवित रहना कठिन है। इसलिये उचित यही है कि इस अवसर पर आप बैर छोड़ कर सुग्रीव से मित्रता कर लीजिये। उसे युवराज पद दे दीजिये। वह आपका छोटा भाई है और इस संसार में भाई के समान हितू कोई दूसरा नहीं होता। उससे इस समय मैत्री करने में ही आपका कल्याण है।"

तारा के इस प्रकार समझाने वालि ने कहा, "वरानने! मैं सुग्रीव की ललकार को सुन कर कायरों की भाँति घर में छिप कर नहीं बैठ सकता और न ललकारने वाले से भयभीत हो कर उसके सम्मुख मैत्री का हाथ ही बढ़ा सकता हूँ। श्री रामचन्द्र जी के विषय में मैं भी जानता हूँ। वे धर्मात्मा हैं और कर्तव्याकर्तव्य को समझने वाले हैं। वे पापकर्म नहीं कर सकते। तुमने मेरे प्रति अपने स्नेह एवं भक्ति का प्रदर्शन कर दिया। अब मुझे मत रोको। मैं सुग्रीव का सामना अवश्य करूँगा और उसके घमण्ड को चूर चूर कर डालूँगा। युद्ध में मैं उससे विजय प्राप्त करूँगा मगर उसके प्राण नहीं लूँगा।"

यह कह कर वालि सुग्रीव के पास पहुँच कर उससे युद्ध करने लगा। दोनों एक दूसरे पर घूंसों और लातों से प्रहार करने लगे। जब राम ने देखा कि सुग्रीव की शक्ति क्षीण होते जा रही है तो उन्होंने एक विषधर सर्प की भाँति बाण को धनुष पर चढ़ा कर वालि को लक्ष्य करके छोड़ दिया। टंकारध्वनि के साथ वह बाण वालि के वक्ष में जाकर लगा जिससे वह बेसुध हो कर पृथ्वी पर गिर पड़ा।

22

वालि-राम संवाद

वालि को पृथ्वी पर गिरते देख राम और लक्ष्मण उसके पास जा कर खड़े हो गये। जब वालि की चेतना लौटी और उसने दोनों भाइयों को अपने सम्मुख खड़े देखा तो वह कठोर शब्दों में बोला, "हे रघुनन्दन! आपने छिप कर जो मुझ पर आक्रमण किया, उससे आपने कौन सा गुण प्राप्त कर लिया? किस महान यश का उपार्जन कर लिया? यद्यपि तारा ने सुग्रीव की और आपकी मैत्री के विषय में मुझे बताया था, परन्तु मैंने आपकी वीरता, शौर्य, पराक्रम, धर्मपरायणता, न्यायशीलता आदि गुणों को ध्यान में रखते हुये उसकी बात नहीं मानी थी और कहा था कि न्यायशील राम कभी अन्याय नहीं करेंगे। आज मुझे ज्ञात हुआ कि आपकी मति मारी गई है।

आप दिखावे के लिये धर्म का चोला पहने हुए हैं, वास्तव में आप अधर्मी हैं। आप साधु पुरुष के वेष में एक पापी हैं। मेरा तो आपके साथ कोई बैर भी नहीं है। फिर आपने यह क्षत्रियों को लजाने वाला कार्य क्यों किया? आप नरेश हैं। राजा के गुण साम, दाम, दण्ड, भेद, दान, क्षमा, सत्य, धैर्य और विक्रम होते हैं।

कोई राजा किसी निरपराध को दण्ड नहीं देता। फिर आपने मेरा वध क्यों किया है? हे राजकुमार! यदि आपने मेरे समक्ष आकर मुझसे युद्ध किया होता तो आप अवश्य ही मेरे हाथों मारे गये होते। जिस उद्देश्य के लिये आप सुग्रीव की सहायता कर रहे हैं उसी उद्देश्य को यदि आपने मुझसे कहा होता तो मैं एक ही दिन में मिथिलेश कुमारी को ढूँढ कर आपके पास ला देता। आपकी पत्नी का अपहरण करने वाले दुरात्मा राक्षस रावण के गले में रस्सी बाँध कर आपके समक्ष प्रस्तुत कर देता। आपने अधर्मपूर्वक मेरा वध क्यों किया?"

वालि के कठोर वचनों को सुन कर रामचन्द्र ने कहा, "वानर! धर्म, अर्थ, काम और लौकिक सदाचार के विषय तुम्हें ज्ञान ही नहीं है। तुम अपने वानरोचित चपलतावश तुम व्यर्थ ही मुझ पर क्रोधित हो रहे हो। मैंने तुम्हारा वध अकारण या व्यक्तिगत बैरभाव के कारण से नहीं किया है। सौम्य! पर्वतों, वनों और कानननों से युक्त सम्पूर्ण भू-मण्डल इक्ष्वाकु वंश के राजाओं की है। इस समय धर्मात्मा राजा भरत इस पृथ्वी का पालन कर रहे हैं। उनकी

आज्ञा से हम सम्पूर्ण पृथ्वी में विचरण करते हुए धर्म के प्रचार के लिये साधुओं की रक्षा तथा दुष्टों का दमन कर रहे हैं।

तुमने अपने जीवन में काम को ही प्रधानता दिया और राजोचित मार्ग पर स्थिर नहीं रहे। छोटा भाई, पुत्र और शिष्य तीनों पुत्र-तुल्य होते हैं। तुमने इस धर्माचरण को त्याग कर अपने छोटे भाई सुग्रीव की पत्नी रुमा का हरण किया जो धर्मानुसार तुम्हारी पुत्रवधू हुई। उत्तम कुल में उत्पन्न क्षत्रिय और राजा का प्रतिनिधि होने के कारण तुम्हारे इस महापाप का दण्ड देना मेरा कर्तव्य था। जो पुरुष अपनी कन्या, बहन अथवा अनुजवधू के पास कामबुद्धि से जाता है, उसका वध करना ही उसके लिये उपयुक्त दण्ड माना गया है। इसीलिये मैंने तुम्हारा वध किया। वानरश्रेष्ठ! अपने इस कार्य के लिये मेरे मन में किसी प्रकार संताप नहीं है। मैंने तुम्हें तुम्हारे पिछले पापों का दण्ड दे कर आगे के लिये तुम्हें निष्पाप कर दिया है। अब तुम निष्पाप हो कर स्वर्ग जाओगे।"

राम का तर्क सुन वालि ने हाथ जोड़कर कहा, "हे राघव! आपका कथन सत्य है। मुझे अपनी मृत्यु पर दुःख नहीं है। मेरा पुत्र अंगद मुझे अत्यन्त प्रिय है और मुझे केवल उसी की चिन्ता है। वह अभी बालक है। उसकी बुद्धि अभी परिपक्व नहीं हुई है। उसे मैं आपकी शरण में सौंपता हूँ। आप इसे सुग्रीव की भाँति ही अभय दें, यही आपसे मेरी प्रार्थना है।"

इतना कह कर वालि चुप हो गया और उसके प्राण पखेरू उड़ गये।

23

तारा का विलाप

जब तारा को वालि की मृत्यु का समाचार मिला तो वह अत्यन्त उद्विग्न हो गई और रोती हुई उस स्थान पर आई जहाँ वालि का शव पड़ा था। तारा और अंगद वालि के शव से लिपट कर बिलख-बिलख कर रोने लगे। उन दोनों दोनों को इस प्रकार रोते देख सुग्रीव को अत्यन्त दुःख हुआ। उसके नेत्रों से अश्रु बहने लगे।

तारा वालि से लिपट कर विलाप कर रही थी, "हे आर्यपुत्र! आप जैसे पराक्रमी वीर की राम ने छिप कर हत्या कर के अत्यन्त निंदनीय कर्म किया है। हे नाथ! आप मौन हो कर क्यों पड़े हैं? आप अपने पुत्र अंगद को किसके सहारे छोड़ गये? देखिये वह किस प्रकार से बिलख-बिलख कर रो रहा है। हे आर्यपुत्र! आज आप ऐसे निर्मोही कैसे हो गये? हे स्वामी! आप मुझे और अंगद को किसके भरोसे छोड़े जा रहे हैं? सुग्रीव! आज तुम्हारा मनोरथ सफल हो गया। अब आनन्द से राज्य का सुख भोगो। आज मेरे पास पुत्र, ऐश्वर्य सब कुछ होते हुये भी मैं विधवा के नाम से पुकारी जाकर संसार में तिरस्कृत जीवन व्यतीत करूँगी। पुत्र अंगद! अपने धर्मप्रेमी पिता का अन्तिम दर्शन कर लो।

यमलोक को जाते हुये अपने पिता का हाथ जोड़ कर अभिवादन करो। देखो स्वामी! आपका पुत्र हाथ जोड़ कर आपके सामने खड़ा है। उसे आशीर्वाद क्यों नहीं देते? आज आपने इस युद्धरूपी यज्ञ में मेरे बिना कैसे भाग लिया। बिना अद्धार्ंगिनी के तो कोई यज्ञ पूरा नहीं होता।"

इस प्रकार तारा नाना प्रकार से से विलाप करने लगी। वालि के वानर सरदारों ने बड़ी कठिनाई से उसे शव से अलग किया।

धनुष धारण किये राम को देख कर तारा उनके पास आकर बोली, "हे अमलकमलदललोचन राम! आप वीर, तेजस्वी, धर्मात्मा और महान दानवीर हैं। मैं आपसे एक दान माँगती हूँ। जिस बाण से आपने मेरे पति के प्राण लिये हैं उसी बाण से मेरे प्राण भी हर लीजिये ताकि मैं मर कर अपने पति के पास पहुँच जाऊँ। मेरे पतिदेव स्वर्ग में मेरी प्रतीक्षा कर रहे होंगे।"

तारा के मर्मस्पर्शी शब्दों को सुन कर रामचन्द्र बोले, "तारा! तेरा इस प्रकार शोक और विलाप करना व्यर्थ है। सारा संसार परमात्मा के द्वारा बनाये गये विधान के अनुसार चलता है। विधाता की ऐसी ही इच्छा थी, यह सोच कर तुम धैर्य धारण करो। अंगद की कोई चिन्ता मत करो। वह आज से इस राज्य का युवराज होगा। तुम्हारा पति वीर था, वह युद्ध करते हुये वीरगति को प्राप्त हुआ है; यह तुम्हारे लिये गौरव की बात है। शोक तज कर रोना बन्द करो। रोने से दिवंगत आत्मा को कष्ट पहुँचता है।"

इस प्रकार राम ने तारा को अनेक प्रकार से धैर्य बँधाया। फिर वे सुग्रीव से बोले, "हे वीर! तारा और अंगद को साथ ले जा कर अब तुम वालि के अन्तिम संस्कार की तैयारी करो। अंगद! तुम इस संस्कार के लिये घृत, चन्दन आदि ले आओ। और हे तारा! तुम भी शोक को त्याग कर वालि के लिये अर्थी की तैयारी कराओ।"

इस प्रकार रामचन्द्र जी ने सब से कह सुन कर वालि के अन्तिम संस्कार की तैयारी करवाई।

वालि की शवयात्रा में बड़े-बड़े योद्धा और किष्किन्धा निवासी रोते कलपते श्मशान घाट पहुँचे। स्त्रियों के करुणाजनक विलाप से सम्पूर्ण वातावरण शोकाकुल प्रतीत हो रही थी। नदी के तट पर जब चिता बना कर वालि का शव उस पर रखा गया तो सम्पूर्ण वातावरण एक बार फिर करुण चीत्कार से गूँज उठा। तारा पुनः वालि के शव से लिपट गई। वह चिता पर ही उससे लिपट कर विलाप किये जा रही थी। बड़ी कठिनाई से उसे को वालि के शव से पृथक किया गया। अन्त में अंगद ने चिता को अग्नि दी। जब वालि का शरीर पंचतत्व में विलीन हो गया तो श्री रामचन्द्र जी ने लक्ष्मण, सुग्रीव, अंगद एवं अन्य प्रमुख वानरों के साथ मिल कर उसके लिये जलांजलि दी।

24

सुग्रीव का अभिषेक

वालि के अन्तिम संस्कार से निवृत हो जाने के पश्चात् हनुमान ने हाथ जोड़कर श्री रामचन्द्र जी से निवेदन किया, "हे ककुत्स्थनन्दन! वानरराज सुग्रीव को आपकी कृपा से उनके पूर्वजों का राज्य पुनः प्राप्त हो गया है। यह अत्यन्त कठिन कार्य था जो कि आपके प्रसाद स्वरूप ही सम्पन्न हो पाया है। अब आप कृपा कर के उनका राजतिलक कर अंगद को युवराज पर प्रदान करें।"

हनुमान की प्रार्थना सुन कर राम बोले, "हनुमन्! सौम्य! मैं पिता की आज्ञा का पालन करते हुये वन में निवास कर रहा हूँ अतः चौदह वर्ष की अवधि पूर्ण होने के पूर्व किसी नगर अथवा ग्राम में जाना मेरे लिये उचित नहीं है। अतएव तुम लोग सुग्रीव के साथ नगर में जा कर राज्याभिषेक की प्रक्रिया पूर्ण करो।"

फिर राम ने सुग्रीव से कहा, "हे मित्र! तुम लौकिक और शास्त्रीय व्यवहार के के ज्ञाता हो, नीतिवान और लोकव्यवहार कुशल हो, इसलिये अपने भतीजे अंगद को युवराज का पद प्रदान करो। वह तुम्हारे ज्येष्ठ भ्राता का पुत्र ही नहीं है, पराक्रमी और वीर भी है। कुछ दिन तुम लोग राज्य में रह कर शासन व्यवस्था को सुव्यवस्थित करो और प्रजा की भलाई में मन लगाओ। श्रावण का महीना आ गया है और वर्षा की ऋतु का आरम्भ हो चुका है। अतः चार मास तक सीता की खोज सम्भव नहीं है। वर्षा की समाप्ति पर जानकी की खोज कराना। मैं इस अवधि में लक्ष्मण सहित इसी पर्वत पर निवास करूँगा।"

राम से विदा हो कर सुग्रीव किष्किन्धा जा कर किष्किन्धापुरी की शासन व्यवस्था में व्यस्त हो गये।

इस अन्तराल में राम लक्ष्मण के साथ प्रस्रवण पर्वत पर निवास करने लगे। एक सुरक्षित कन्दरा को कुटिया का रूप दे कर वे लक्ष्मण से बोले, "हे भाई! हम वर्षा ऋतु यहीं व्यतीत करेंगे। वृक्षादि से सुशोभित यह पर्वत अत्यन्त रमणीक है। इस गुफा के निकट ही सरिता के प्रवाहित होने के कारण यह स्थान हमारे लिये और भी सुविधाजनक रहेगा। यहाँ से किष्किन्धा भी अधिक दूर नहीं है, किन्तु इस शान्तिप्रद वातावरण में भी जानकी का वियोग

मुझे दुःखी कर रहा है। उसके बिना मेरे हृदय में भयंकर पीड़ा होती है।"

इतना कह कर वे शोक में डूब गये।

अपने अग्रज को शोकातुर देख कर लक्ष्मण बोले, "हे वीर! इस प्रकार व्यथित होने से कोई लाभ नहीं है। शोक से तो उत्साह नष्ट होता है। और उत्साहहीन हो जाने पर रावण से हम कैसे प्रतिशोध ले सकेंगे? इसलिये आप धैर्य धारण कीजिये। हम रावण को मार कर भाभी को अवश्य मुक्त करायेंगे। केवल कुछ दिनों की बात और है।"

लक्ष्मण के वचनों से राम ने अपने हृदय को स्थिर किया और वे प्रकृति की शोभा निहारने लगे। थोड़ी देर तक वे वर्षाकालीन प्राकृतिक दृश्यों का अवलोकन करते रहे। फिर लक्ष्मण से बोले, "हे लक्ष्मण! देखो इस वर्षा ऋतु में प्रकृति कितनी सुन्दर प्रतीत होती है। ये दीर्घाकार मेघ पर्वतों का रूप धारण किये आकाश में दौड़ रहे हैं। इस वर्षा ऋतु में ये मेघ अमृत की वर्षा करेंगे। उस अमृत से भूतलवासियों का कल्याण करने वाली नाना प्रकार की औषधियाँ, वनस्पति, अन्न आदि उत्पन्न होंगे।

इधर इन बादलों को देखो, एक के ऊपर एक खड़े हुये ये ऐसे प्रतीत होते हैं मानो प्रकृति ने सूर्य तक पहुँचने के लिये इन कृष्ण-श्वेत सीढ़ियों का निर्माण किया है। शीतल, मंद, सुगन्धित समीर हृदय को किस प्रकार प्रफुल्लित करने का प्रयत्न कर रही हैं, किन्तु विरहीजनों के लिये यह अत्यधिक दुःखदायी भी है। उधर पर्वत पर से जो जलधारा बह रही है, उसे देख कर मुझे ऐसा आभास होता है कि सीता भी मेरे वियोग में इसी प्रकार अश्रुधारा बहा रही होगी। इन पर्वतों को देखो, इन्हें देखकर लगता है जैसे ब्रह्मचारी बैठे हों। ये काले-काले बादल इनकी मृगछालाएँ हों।

नद-नाले इनके यज्ञोपववीत हों और बादलों की गम्भीर गर्जना वेदमंत्रों का पाठ हो। कभी कभी ऐसा प्रतीत होता है कि ये बादल गरज नहीं रहे हैं अपितु बिजली के कोड़ों से प्रताड़ित हो कर पीड़ा से कराहते हुये आर्तनाद कर रहे हैं। काले बादलों में चमकती हुई बिजली ऐसी प्रतीत हो रही है मानो राक्षसराज रावण की गोद में मूर्छित पड़ी जानकी हो। हे लक्ष्मण! जब भी मैं वर्षा के दृश्यों को देख कर अपने मन को बहलाने की चेष्टा करता हूँ तभी मुझे सीता का स्मरण हो आता है। यह देखो, काले मेघों ने दसों दिशाओं को अपनी काली चादर से इस प्रकार आवृत कर लिया है जैसे मेरे हृदय की समस्त भावनाओं को जानकी के वियोग ने आच्छादित कर लिया है।

"इस वर्षा ऋतु में राजा लोग अपने शत्रु पर आक्रमण नहीं करते, गृहस्थ लोग घर से परदेस नहीं जाते। घर उनके लिये अत्यन्त प्रिय हो जाता है। राजहंस भीमानसरोवर की ओर चल पड़ते हैं। चकवे अपनी प्रिय चकवियों के साथ मिलने को आतुर हो जाते हैं और उनसे मिल कर अपूर्व प्राप्त करते हैं। किन्तु मैं एक ऐसा अभागा हूँ जिसकी चकवी रूपी सीता अपने चकवे से दूर है। मोर अपनी प्रियाओं के साथ नृत्य कर रहे हैं। ऐसा प्रतीत होता है कि बगुलों की पंक्तियों से शोभायमान, जल से भरे, श्यामवर्ण मेघ मानो किसी लम्बी यात्रा पर जा रहे हैं। वे पर्वतों के शिखरों पर विश्राम करते हुये चल रहे हैं। पृथ्वी पर नई-नई घास

उग आई है और उस पर बिखरी हुई लाल-लाल बीरबहूटियाँ ऐसी प्रतीत होती हैं मानो कोई नवयौवना कामिनी हरे परिधान पर लाल बूटे वाली बेल लगाये लेटी हो। सारी पृथ्वी इस वर्षा के कारण हरीतिमामय हो रही हैं। सरिताएँ कलकल नाद करती हुई बह रही हैं। वानर वृक्षों पर अठखेलियाँ कर रहे हैं।

इस सुखद वातावरण में केवल विरहीजन अपनी प्रियाओं के वियोग में तड़प रहे हैं। उन्हें इस वर्षा की सुखद फुहार में भी शान्ति नहीं मिलती। देखो, ये पक्षी कैसे प्रसन्न होकर वर्षा की मंद-मंद फुहारों में स्नान कर रहे हैं। उधर वह पक्षी पत्तों में अटकी हुई वर्षा की बूँद को चाट रहा है। सूखी मिट्टी में सोये हुये मेंढक मेघों की गर्जना से जाग कर ऊपर आ गये हैं और टर्र-टर्र की गर्जना करते हुये बादलों की गर्जना से स्पर्द्धा करने लगे हैं। जल की वेगवती धाराओं से निर्मल पर्वत-शिखरों से पृथ्वी की ओर दौड़ती हुई सरिताओं की पंक्तियाँ इस प्रकार बिखर कर बह रही हैं जैसे किसी के धवल कण्ठ से मोतियों की माला टूट कर बिखर रही हो। लो, अब पक्षी घोंसलों में छिपने लगे हैं, कमल सकुचाने लगे हैं और मालती खिलने लगी है, इससे प्रतीत होता है कि अब शीघ्र ही पृथ्वी पर सन्ध्या की लालिमा बिखर जायेगी।"

फिर राम निःश्वास छोड़ कर बोले, "वालि के मरने से सुग्रीव ने अपना राज्य पा लिया। अब वह अपनी बिछुड़ी हुई पत्नी को पुनः पाकर इस वर्षा का आनन्द उठा रहा होगा। पता नहीं, मैं अपनी बिछुड़ी हुई सीता के कब दर्शन करूँगा। अब तो श्रावण मास का अन्त हो चला है। शीघ्र ही शरद ऋतु का प्रारम्भ होगा। दुर्गम मार्ग फिर आवागमन के लिये खुल जायेंगे। मुझे विश्वास है, शरद ऋतु आते ही सुग्रीव अपने गुप्तचरों से अवश्य सीता की खोज करायेगा।"

इतना कह कर राम गम्भीर कल्पना सागर में गोते लगाने लगे।

25

हनुमान-सुग्रीव संवाद

पवनकुमार हनुमान शास्त्र-विद्, नीतिज्ञ और सूझबूझ वाले मनीषी थे। कब क्या करना चाहिये और क्या नहीं जैसी बातों का उन्हें यथार्थ ज्ञान था। बातचीत करने की कला में वे निपुण थे। उन्होंने देखा, आकाश निर्मल हो गया है, अब न तो बादल ही दिखाई पड़ते हैं और न ही बिजली चमकती है; वर्षा ऋतु समाप्त हो गई है। वे सुग्रीव के विषय में विचार करने लगे।

उन्हें स्पष्ट प्रतीत हुआ कि मनोरथ सिद्ध हो जाने के पश्चात् सुग्रीव अपने कर्तव्य की अवहेलना कर के विलासिता में मग्न रहने लगे हैं। उनकी पत्नी रुमा के साथ ही साथ अब तारा भी उनके विलास लीला का एक महत्वपूर्ण अंग बन गई है। राजकाज का भार केवल मन्त्रियों के भरोसे छोड़ कर वे स्वयं स्वेच्छाचारी होते जा रहे हैं। श्री रामचन्द्र जी को दिये गये अपने वचन का उन्हें स्मरण भी नहीं रह गया है।

इस प्रकार से सभी तरह से विचार करके हनुमान सुग्रीव के पास जा कर बोले, "हे राजन्! आपको राज्य और यश दोनों की ही प्राप्ति हो चुकी है। आपने कुल परम्परा से प्राप्त लक्ष्मी का भी विस्तार कर लिया है। अब आपको मित्रों को अपनाने के को भी पूरा कर डालना चाहिये। आपने मित्र के कार्य को सफल बनाने के लिये जो प्रतिज्ञा की है, उसे पूरा करना चाहिये। आप तो जानते ही हैं कि श्री राम हमारे परम मित्र और हितैषी हैं। उनके कार्य का समय बीता जा रहा है। इसलिये हमें जनकनन्दिनी सीता की खोज आरम्भ कर देनी चाहिये।"

सुग्रीव सत्वगुण से सम्पन्न थे। हनुमान के द्वारा स्मरण दिलाये जाने पर तत्काल उन्होंने श्री राम के कार्य को सिद्ध करने का निश्चय किया। उन्होंने नील नामक कुशल वानर को बुला कर आज्ञा दी, "हे नील! तुम ऐसा प्रयत्न करो जिससे मेरी सम्पूर्ण सेना शीघ्र यहाँ एकत्रित हो जाय। सभी यूथपतियों को सेना एवं सेनापतियों के साथ यहाँ अविलम्ब एकत्रित होने का आदेश दो। राज्य सीमा की रक्षा करने वाले सब उद्यमी एवं शीघ्रगामी वानरों को यहाँ तत्काल उपस्थित होने के लिये आज्ञा प्रसारित करो। सभी को सूचित कर दो कि जो भी

वानर पन्द्रह दिन के अन्दर यहाँ बिना किसी अपरिहार्य कारण के उपस्थित नहीं होगा, उसे प्राण-दण्ड दिया जायेगा।"

ऐसा प्रबन्ध कर सुग्रीव अपने महलों में चले गये।

शरद ऋतु का आरम्भ हो गया किन्तु राम को सुग्रीव द्वारा सीता के लिये खोज करने की के विषय में कोई सूचना नहीं मिली। वे सोचने लगे कि सुग्रीव अपना उद्देश्य सिद्ध हो जाने पर मुझे बिल्कुल भूल गया है। ऐसा प्रतीत होता है कि अब सीता को पाने की कोई आशा शेष नहीं रह गई है। न जाने सीता पर कैसी बीत रही होगी। राजहंसों के शब्दों को सुन कर निद्रात्याग करने वाली सीता न जाने अब कैसे रह रही होगी। यह शरद ऋतु उसे और भी अधिक व्याकुल कर रही होगी। यह सोचते हुये राम सीता को स्मरण कर के विलाप करने लगे।

उस समय लक्ष्मण फल एकत्रित करने के लिये गये हुए थे। जब लक्ष्मण फल ले कर समीपवर्ती वाटिका से लौटे तो उन्होंने अपने बड़े भाई की अवस्था पर दृष्टिपात किया। लक्ष्मण को देखते ही उन्होंने निश्वास ले कर कहा, "हे लक्ष्मण! पृथ्वी को जलप्लावित कर देने वाले गरजते बादल अब शान्त हो कर पलायन कर गये हैं। आकाश निर्मल हो गया है। चन्द्रमा, नक्षत्र और सूर्य की प्रभा पर शरद ऋतु का प्रभाव स्पष्ट दृष्टिगोचर होने लगा है।

हंस मानसरोवर का परित्याग कर पुनः लौट आये हैं और चक्रवातों के समान सरिता के रेतीले तटों पर क्रीड़ा कर रहे हैं। वर्षाकाल में मदोन्मत्त हो कर नृत्य करने वाले मोर अब उदास हो गये हैं। सरिता की कल-कल करती वेगमयी गति अब मन्द पड़ गई है मानो वे कह रही हैं कि चार दिन के यौवन पर मदोन्मत्त हो कर गर्व करना उचित नहीं है। सूर्य की किरणों ने मार्ग की कीचड़ को सुखा डाला है, इससे वे आवागमन और यातायात के लिये खुल गये हैं। राजाओं की यात्रा के दिन आ गये हैं, परन्तु सुग्रीव ने न तो अब तक मेरी सुधि ली है और न जानकी की खोज कराने की कोई व्यवस्था ही की है।

वर्षाकाल के ये चार मास सीता के वियोग में मेरे लिये सौ वर्ष से भी अधिक लम्बे हो गये हैं। परन्तु सुग्रीव को मुझ पर अभी तक दया नहीं आई। पता नहीं मेरे भाग्य में क्या लिखा है। राज्य छिन गया, देश निकाला हो गया, पिता की मृत्यु हो गई, पत्नी का अपहरण हो गया और अन्त में इस वानर के द्वारा भी ठगा गया। हे वीर! तुम्हें याद होगा कि सुग्रीव ने प्रतिज्ञा की थी कि वर्षा ऋतु समाप्त होते ही सीता की खोज कराऊँगा, परन्तु अपना स्वर्थ सिद्ध हो जाने के बाद वह इस प्रतिज्ञा को इस प्रकार भूल गया है। इसलिये तुम किष्किन्धा जा कर उस स्वार्थी वानर से कहो कि जो प्रतिज्ञा कर के उसका पालन नहीं करता, वह नीच और पतित होता है। क्या वह भी वालि के जैसे ही यमलोक को जाना चाहता है? तुम उसे मेरी ओर से सचेत कर दो ताकि मुझे कोई कठोर पग उठाने के लिये विवश न होना पड़े।"

26

लक्ष्मण-सुग्रीव संवाद

श्री रामचन्द्र जी की आज्ञा पाकर, सदैव बड़े भाई के हित में लगे रहने वाले, लक्ष्मण क्रुद्ध होकर किष्किन्धा की ओर चले। मार्ग के वृक्षों को बलपूर्वक गिराते हुए, पर्वतशिखरों को उठा कर फेंकते हुए, नगर की ऊँची-ऊँची अट्टालिकाओं से सुशोभित बाजारों और चौराहों को पार कर, वे सुग्रीव के राजप्रासाद में जा पहुँचे। लक्ष्मण को अत्यन्त क्रोधित देख कर सुग्रीव के सुभट भयभीत हो कर इधर-उधर भागने लगे। लक्ष्मण सीधे सुग्रीव के रनिवास में पहुँचे। वहाँ से मृदंग की ताल के साथ कोकिलकण्ठी कामिनियों के गायनों के स्वर निकल रहा था। महाबली लक्ष्मण ने सुग्रीव के उस अन्तःपुर में अनेक रूपरंग की बहुत सी रूप-यौवन के गर्व से भरी हुई सुन्दरी स्त्रियों को देखा। नूपुरों की झंकार और करधनी की खनखनाहट करती हुई परस्त्रियों को देख कर शीलवान लक्ष्मण अत्यन्त लज्जित हो गये। श्री रामचन्द्र जी का कार्य सिद्ध होते न देख कर कुपित लक्ष्मण ने धनुष की टंकार की जिससे समस्त दिशाएँ गूँज उठीं।

उस समय सुग्रीव के कक्ष में इन्द्र की अप्सराओं को भी लजाने वाली नृत्यांगनाएँ नूपुरों और मेखलाओं की झंकार के साथ नृत्य कर रही थीं और सुग्रीव मद्यपान से अचेत अर्धनिमीलित नेत्रों से यह सब देख रहा था। धनुष के टंकार की ध्वनि को सुनते ही नृत्य करने वाली रमणियाँ भयभीत हो कर एक ओर खड़ी हो गईं। भय से सुग्रीव का मुख पीला पड़ गया। उसने सहम कर तारा से पूछा, "हे प्रिये! रामचन्द्र जी का यह छोटा भाई अकारण ही इतना क्रुद्ध हो कर क्यों आया है? तुम अपनी मृदु वाणी से उसे शान्त करो! जैसे भी हो वाणी कौशल से उसके क्रोध को शान्त कर के यहाँ आने का कारण ज्ञात करो।"

पति की आज्ञा का पालन करती हुई मुस्कुराती तारा लक्ष्मण के पास पहुँची। अपने सम्मुख सुन्दर युवती को पा कर ब्रह्मचारी लक्ष्मण ने अपने क्रोध को नियन्त्रित किया और अपनी दृष्टि झुका ली। लक्ष्मण को दृष्टि झुकाये देख तारा का भय कुछ कम हुआ।

तारा मृदु वाणी में बोली, "हे रघुकुलश्रेष्ठ! आपके इस क्रोध का क्या कारण है? क्या हम से कोई अपराध हुआ है? यदि आपके दास सुग्रीव से कोई अपराध हुआ भी है तो भी आप जैसे

उदार एवं क्षमाशील महापुरुष को उसे क्षमा प्रदान करनी चाहिये। वे आपके सेवक हैं, कृतघ्न नहीं हैं, और न ही वे कपटी एवं मिथ्यावादी हैं। आपके उपकार को वे सदा स्मरण करते रहते हैं और आप दोनों भाइयों का ही गुणगान करते रहते हैं। श्री रामचन्द्र की कृपा से ही उन्होंने अपने राज्य को, रुमा को और मुझे प्राप्त किया है। भारी दुःख के बाद सुख मिलने के कारण उनसे कुछ भूल हो गई है और वे आपके दर्शन न कर सके।

आप तो जानते ही हैं कि विश्वामित्र जैसे महामुनि भी घृताची नामक अप्सरा पर मुग्ध हो कर दस वर्ष तक उसके साथ रमण करते रहे थे, फिर सुग्रीव तो एक साधारण व्यक्ति है। हे राघव! मैं हाथ जोड़ कर प्रार्थना करती हूँ कि आप उन्हें क्षमा कर दें। मैं आपको विश्वास दिलाती हूँ कि वे श्री रामचन्द्र जी के कार्य के लिये राज्य का सुख, मुझे, रुमा को और अंगद को भी छोड़ देंगे और जब तक जनक दुलारी सीता जी को श्री रामचन्द्र जी से नहीं मिला देंगे तब तक शान्ति से नहीं बैठेंगे। वानरों के सरदारों को बुलाने के लिये दूत भेजे जा चुके हैं। आज ही वे सब लोग आने वाले हैं। उन सब को ले कर वे आज ही सीतापति के पास जायेंगे। आप क्रोध त्याग कर मेरी बात पर विश्वास करें। मैं कभी मिथ्या भाषण नहीं करती।"

तारा के वाक्यों से शान्त हो कर लक्ष्मण सुग्रीव के पास पहुँचे। लक्ष्मण के पहुँचते ही सुग्रीव अपने आसन से उठ कर खड़ा हो गया। उसके एक ओर रुमा और दूसरी ओर तारा थी। लक्ष्मण ने क्रुद्ध हो कर कहा, "हे वानरराज! संसार जितेन्द्रिय, दयालु और कृतज्ञ राजा का ही सम्मान करता है। जो किसी मनुष्य को सहायता देने का वचन दे कर भी उसकी सहायता नहीं करता उसे आत्महत्या जैसा महापाप लगता है। शास्त्रों में गौघाती, चोर और अपना व्रत भंग करने वाले के लिये तो प्रायश्चित का प्रावधान है, परन्तु कृतघ्नता के पाप का कोई प्रयश्चित नहीं बताया गया है। उसे तो अनन्त काल तक नरक की यातनाएँ भोगनी पड़ती हैं। रामचन्द्र जी ने तुम्हारे साथ जो उपकार किया है, उसे भुला देना तुम्हारे लिये उचित नहीं है। इसलिये सुग्रीव! अब तुम्हें उस वचन का पालन करना चाहिये जो तुमने उन्हें दिया है।"

लक्ष्मण की बात सुन कर सुग्रीव अत्यन्त नम्रता के साथ बोला, "हे रघुकुलतिलक! श्री रामचन्द्र जी की दया से ही मैंने अपना खोया हुआ राज्य फिर से पाया है, इसलिये उनके इस महान उपकार को मैं जीवन भर नहीं भूल सकता। मैं जानता हूँ, वे अपने अपूर्व पराक्रम से सीता को चुराने वाले राक्षस को एक क्षण में नष्ट कर सकते हैं, केवल मेरा मान बढ़ाने के लिये वे मुझसे सहायता माँग रहे हैं। इसके लिये मैं उनका अत्यन्त अनुग्रहीत हूँ। उनके साथ मेरी सेना और मैं भी युद्ध करने के लिये चलेंगे। अब तक हुए विलम्ब के लिये आप मुझे क्षमा करें।"

लक्ष्मण इन वचनों से सन्तुष्ट हो कर बोले, "अब तुम मेरे साथ चल कर भैया के दुःखी मन को सन्तोष दो। वे सीता जी के वियोग में बहुत दुःखी हो रहे हैं।"

27

वानरों को सीता की खोज का आदेश

लक्ष्मण से प्रेरणा पाकर सुग्रीव ने अपने यूथपतियों के साथ रामचन्द्र जी से मिलने के लिये प्रस्थान किया। एक पालकी मँगा कर उसमें पहले लक्ष्मण को आरूढ़ किया और फिर स्वयं भी उसमें जा बैठा। शंखों और भेरियों की ध्वनि करते हुए सहस्रों वीरों के साथ सुग्रीव वहाँ पहुँचा जहाँ श्री राम निवास कर रहे थे। लक्ष्मण को आगे कर और हाथ जोड़ कर विनीत भाव से सुग्रीव श्री राम के सम्मुख खड़ा हो गया। रामचन्द्र जी ने प्रसन्न हो कर सुग्रीव को गले लगाया और फिर उसकी प्रशंसा करते हुये कहा, "हे वानरेश! समय पर अपने सम्पूर्ण शुभ कार्यों को करने वाला राजा ही वास्तव में शासन करने के योग्य होता है और जो भोग विलास में लिप्त हो कर इन्द्रयों के वशीभूत हो जाता है, वह अन्त में विनाश को प्राप्त होता है। अब तुम्हारे उद्योग करने का समय आ गया है। अतएव तुम अपने मति अनुसार जैसा उचित समझो, वैसा करो ताकि सीता का पता मुझे शीघ्र प्राप्त हो सके।"

श्री राम के नीतियुक्त वचन सुन कर सुग्रीव ने कहा, "हे प्रभो! मैं तो आपका अकिंचन दास हूँ। मैं आपके उपकार को कभी नहीं भूल सकता। जनकनन्दिनी की शीघ्र खोज करवाने के उद्देश्य से मैं इन सहस्त्र वानर यूशपतियों को ले कर यहाँ उपस्थित हुआ हूँ। इन सबके पास अपनी-अपनी सेनाएँ हैं और ये स्वयं भी इन्द्र के समान पराक्रमी हैं। आपकी आज्ञा पाते ही ये लंकापति रावण को मार कर सीता को ले आयेंगे। इन्हें आप इस कार्य के लिये आज्ञा प्रदान करें।"

सुग्रीव की उत्साहवर्द्धक बात सुन कर राम बोले, "राजन्! सबसे पहले तो इस बात का पता लगाना चाहिये कि सीता जीवित भी है या नहीं। यदि जीवित है, तो उसे कहाँ रखा गया है? रावण का निवास स्थान कहाँ है? उसके पास कितनी और कैसी सेना है? वह स्वयं कितना पराक्रमी है? इन समस्त बातों के ज्ञात हो जाने पर ही आगे की योजना पर विचार किया जायेगा। यह कार्य ऐसा है जिसे न मैं कर सकता हूँ और न ही लक्ष्मण। केवल तुम ही अपनी सेना के द्वारा करवा सकते हो।"

राम के वचन सुनकर सुग्रीव ने अपने यूथपतियों को बुला कर आज्ञा दी, "हे वीर महारथियों! अब मेरी लाज और श्री रामचन्द्र जी का जीवन तुम लोगों के हाथ में है। तुम दसों दिशाओं में जा कर जानकी जी की खोज करो। उन सभी पर्वतों की दुर्गम कन्दराओं, वनों, नदी तटों, समुद्री द्वीपों, उपत्यकाओं और उन गुप्त स्थानों को छान मारो जहाँ उनके होने की तनिक भी सम्भावना हो। आकाश, पाताल, भूमण्डल का कोई भी स्थान छिपा नहीं रहना चाहिये। एक मास के अन्दर जानकी जी का पता मिल जाना चाहिये। यदि इस अवधि में उनका पता न लगा सके तो तुम स्वयं का वध हुआ समझो।"

28

हनुमान को मुद्रिका देना

वानर यूथपतियों को इस प्रकार की कठोर आज्ञा दे कर सुग्रीव हनुमान से बोला, "हे कपिश्रेष्ठ! पृथ्वी, अन्तरिक्ष, आकाश, पाताल, देवलोक, वन, पर्वत, सागर कोई ऐसा स्थान नहीं है जहाँ तुम्हारी गति न हो। असुर, गन्धर्व, नाग, मनुष्य, देवता, समुद्र तथा पर्वतों सहित सम्पूर्ण लोकों को तुम जानते हो और तुम अतुल, अद्वितीय, पराक्रमी तथा साहसी हो। तुम्हारी सूझबूझ और कार्यकुशलता भी अपूर्व है। यद्यपि मैंने सीता जी की खोज के लिये सब वानरों को आदेश दिया है परन्तु मुझे सच्चा भरोसा तुम्हारे ऊपर ही है और तुम्हें ही उनका पता लगा कर लाना है।"

सुग्रीव का हनुमान पर इतना भरोसा देख कर राम बोले, "हे हनुमान! सुग्रीव की भाँति मुझे भी तुम पर विश्वास है कि तुम सीता का पता अवश्य लगा लोगे। इसलिये मैं तुम्हें अपने नाम से सुशोभित अपनी यह मुद्रिका देता हूँ। जब कभी जानकी मिले, उसे तुम यह मुद्रिका दे देना। इसे पा कर वह तुम्हारे ऊपर सन्देह नहीं करेगी। तुम्हें मेरा दूत समझ कर सारी बातें बता देगी।"

राम की मुद्रिका ले कर हनुमान ने उसे अपने मस्तक से लगाया और सुग्रीव तथा श्री राम के चरणों को स्पर्श कर के वानरों की सेना के साथ सीता को खोजने के लिये निकल पड़े। शेष वानर भी सुग्रीव के निर्देशानुसार भिन्न-भिन्न दिशाओं के लिये चल पड़े। उन्होंने वनों, पर्वतों, गिरिकन्दराओं, घाटियों, ऋषि-मुनियों के आश्रमों, विभिन्न राजाओं की राजधानियों, शैल-शिखरों, सागर द्वीपों, राक्षसों, यक्षों, किन्नरों के आवासों आदि को छान मारा परन्तु कहीं भी उन्हें जनकनन्दिनी सीता का पता नहीं मिला। अन्त में भूख-प्यास से व्यथित हो थक कर उत्साहहीन हो निराशा के साथ एक स्थान पर बैठ कर अपने कार्यक्रम के विषय में विचार विमर्श करने लगे। एक यूथपति ने उन्हें सम्बोधित करते हुये कहा, "हमने उत्तर पूर्व और पश्चिम दिशा का कोई स्थान नहीं छोड़ा। अत्यन्त अगम्य प्रतीत होने वाले स्थानों को भी हमने छान मारा किन्तु कहीं भी महारानी सीता का पता नहीं चला। मेरे विचार से अब हमें दक्षिण दिशा की ओर प्रस्थान करना चाहिये। इसलिये अब अधिक समय नष्ट न कर के

हमें तत्काल चल देना चाहिये।"

यूथपति का प्रस्ताव स्वीकार कर सबसे पहले यह दल विन्ध्याचल पर पहुँचा। वहाँ की गुफाओं, जंगलों, पर्वत-शिखरों आदि सभी स्थानों को उन्होंने छान मारा किन्तु जनकनन्दिनी सीता के उन्हें दर्शन नहीं मिले। विन्ध्यपर्वत के आसपास का महान देश अनेक गुफाओं तथा घने जंगलों से भरा था इसलिये वहाँ जानकी जी को ढूँढने में उन्हें अत्यन्त कठिनाई का सामन करना पड़ा।

इस प्रकार से जानकी जी की खोज के लिये सुग्रीव के द्वारा दिया गया समय व्यतीत हो गया। समस्त वानर पूर्णतः निराश हो गये और सुग्रीव के द्वारा दिये जाने वाले दण्ड के विषय में सोचकर अत्यन्त भयभीत भी हो गये। उनकी निराशा और भय को देख कर महाबुद्धिमान अंगद ने कहा, "निराश और भयभीत होने की आवश्यकता नहीं है। यदि हम सभी वानर अभी भी प्रयत्न करके जानकी जी को खोज लेंगे तो महाराज सुग्रीव प्रसन्न ही होंगे। कर्म का फल अवश्य ही मिलता है अतः खिन्न होकर उद्योग को छोड़ देना कदापि उचित नहीं है।

राजकुमार अंगद की बातों से उत्साहित होकर वानरों ने जानकी जी की खोज के लिये पुनः उद्योग करना आरम्भ कर दिया। वहाँ के अत्यन्त भयंकर तथा सुनसान जंगलों में न तो पानी मिलता था और न ही किसी प्रकार के कंद-मूल-फल ही मिलते थे। मनुष्य का तो नामोनिशान तक दिखाई नहीं देता था। वहाँ अन्वेषण कार्य बहुत ही कठिन था और वानरों को वहाँ अत्यन्त कष्ट सहन करना पड़ा।

समस्त वानर भूख प्यास से व्याकुल होकर वहाँ घूम रहे थे तो उन्हें एक गुफा दिखाई पड़ी। वह गुफा यद्यपि अन्धकारमय थी किन्तु उसमें से हंस, क्रौंच, सारस और जल से भीगे हुए चकवे निकलते हुए दृष्टिगत हुए। उन जल से भीगे हुए पक्षियों को देख कर हनुमान जी ने अनुमान लगाया कि अवश्य ही उस गुफा के भीतर जल का स्रोत है। हनुमान जी की सलाह के अनुसार समस्त वानर उस गुफा में प्रवेश कर गये।

29

तपस्विनी स्वयंप्रभा

वह गुफा अत्यन्त ही अन्धकारमय थी किन्तु वानरों की दृष्टि उस अन्धकार में भी कार्य कर रही थी। उनका तेज और पराक्रम अवरुद्ध नहीं होता था और उनकी गति वायु के समान थी। तीव्र वेग के साथ वे उस गुफा के भीतर पहुँच गये। भीतर पहुँच कर उन्होंने देखा कि वह स्थान अत्यन्त उत्तम, प्रकाशमान और मनोहर था। चारों ओर साल, ताल, तमाल, नागकेसर, अशोक, धव, चम्पा, कनेर आदि के पुष्पयुक्त वृक्ष दृष्टिगत हो रहे थे। वे सभी वृक्ष सुवर्णमय थे, उनसे अग्नि के समान प्रभा निकल रही थी और उनके फल फूल भी सुनहरे रंग के थे। इन वृक्षों में लगे मूँगे और मणियों के समान चमकीले फूलों और फलों पर सुनहरे रंग के भौंरे मंडरा रहे थे। सूर्य जैसी आभा वाली काञ्चन वृक्षों से घिरे अनेक विशाल सरोवर भी दिखाई पड़े जिनमें स्वर्णकमल और सुनहरे मत्स्य शोभा पा रहे थे।

उन्होंने वहाँ पर सोने और चांदी से बने हुए बहुत सारे भवन भी देखे जिनकी खिड़कियाँ मोतियों की जालियों से ढँकी हुई थीं। स्वर्ण तथा रजत से निर्मित विमान भी दृष्टिगत हो रहे थे। वहाँ रखे हुये अनेक पात्रों में सोने, चांदी और कांसे के ढेर भरे हुए थे। बहुमूल्य सवारियाँ, सरस मधु, महामूल्यवान दिव्य वस्त्रों के ढेर, विचित्र कम्बल एवं कालीनें, मृगचर्मों के समूह आदि भी जहाँ तहाँ रखे हुए थे।

कुछ दूर जाने पर उन्हें वक्कल और काले रंग का मृगचर्म धारण किये हुये एक स्त्री दिखी जिसका मुख तपस्या के तेज से दमक रहा था।

परम बुद्धिमान हनुमान जी ने उस तपस्विनी के पास जाकर हाथ जोड़ कर कहा, "देवि! आप कौन हैं? यह गुफा, ये भवन तथा ये रत्नादि किसके हैं? हे देवि! हम लोग भूख-प्यास और थकावट से व्याकुल होकर जल मिलने की आशा से इस गुफा में चले आये हैं किन्तु यहाँ के अद्भुत पदार्थों को देख कर हमारी विवेकशक्ति लुप्तप्राय हो गई है। यह सब आपकी तपस्या के प्रभाव से हुआ है या यह कोई आसुरी माया है?"

तपस्विनी ने यह कह कर कि तुम सब पहले भोजन ग्रहण कर लो, उन सभी को शुद्ध भोजन, फल-मूल आदि दिया।

फिर भोजन से तृप्त हुए वानरों से तपस्विनी ने कहा, "वानरश्रेष्ठ! इस दिव्य सुवर्णमय उत्तम भवन को दानवशिरोमणियों के विश्वकर्मा मयासुर ने बनाया है। इस भवन में निवास करते हुए मयासुर का सम्पर्क हेमा नाम की अप्सरा से हो गया जिससे क्रुद्ध होकर देवराज इन्द्र ने अपने वज्र से मयासुर का वध कर डाला। अब यह स्थान हेमा के ही आधीन है। मैं मेरसावर्णि की कन्या हूँ और मेरा नाम स्वयंप्रभा है। हेमा मेरी प्रिय सखी है। उसी के द्वारा नियुक्त होकर मैं इस स्थान का संरक्षण करती हूँ। अब तुम लोग बताओ कि तुम लोग किस प्रयोजन से घूम रहे हो?"

पवनकुमार हनुमान जी बोले, "देवि! पिता की आज्ञा से दशरथनन्दन श्री राम अपनी पत्नी सीता और अनुज लक्ष्मण के साथ दण्डकारण्य में निवास कर रहे थे। जनस्थान में आकर रावण ने उनकी स्त्री का बलपूर्वक अपहरण कर लिया। श्री राम वानरराज सुग्रीव के मित्र हैं। हम लोग अपने राजा सुग्रीव की आज्ञा से जानकी जी की खोज कर रहे हैं। हमें इस गुफा से बाहर निकलने का कोई मार्ग नहीं दिख रहा है अतः आप हमें यहाँ से बाहर निकालने की कृपा करें ताकि हम अपने कर्तव्य को पूर्ण कर सकें।"

तपस्विनी स्वयंप्रभा ने कहा, "श्रेष्ठ वानरों! यद्यपि इस स्थान में आ जाने वाला जीवन भर यहाँ से बाहर नहीं निकल सकता किन्तु मैं अपने तप के प्रभाव से तुम सब को यहाँ से बाहर निकाल दूँगी। तुम सभी अपनी आँखें बंद कर लो।"

वानरों के आँख मूँदते ही स्वयंप्रभा ने निमिषमात्र में उन्हें गुफा से बाहर निकाल कर कहा, "अब तुम अपनी आँखें खोल लो। यह देखो तुम्हारे समक्ष महासागर लहरा रहा है। तुम्हारा कल्याण हो।"

इतना कह कर तपस्विनी स्वयंप्रभा अपने स्थान में वापस चली गईं।

30

जाम्बवन्त द्वारा हनुमान को प्रेरणा

वानरों के समक्ष भयंकर महासागर विशाल लहरों से व्याप्त होकर निरन्तर गर्जना कर रहा था। समुद्र तट पर बैठ कर वे विचार विमर्श करने लगे। युवराज अंगद निराश हो कर बोले, "सीता जी को खोज पाने में हम लोग सर्वथा निष्फल रहे हैं। अब हम लौट कर राजा सुग्रीव और रामचन्द्र जी को कैसे मुख दिखायेंगे। निष्फल हो कर लौटने से तो अच्छा है कि हम यहाँ अपने प्राण त्याग दें।"

इस पर बुद्धिमान हनुमान जी ने कहा, "तारानन्दन! तुम युद्ध में अपने पिता के समान ही अत्यन्त शक्तिशाली हो। अत्यन्त बुद्धिमान होते हुए भी तुम इस तरह से निराशा की बातें कर रहे हो यह तुम्हें शोभा नहीं देता।"

इस प्रकार से उनका विचार विमर्ष चल ही रहा था कि वहाँ पर गृध्रराज सम्पाति आ पहुँचा। वानरों को देख कर वह बोला, "आज दीर्घकाल के पश्चात् मुझे मेरे कर्मों के फल के रूप में यह भोजन प्राप्त हुआ है। मैं एक एक कर के वानरों का भक्षण करता जाऊँगा।"

सम्पाति के वचन सुनकर दुःखी हुए अंगद ने हनुमान जी से कहा, "एक तो हम लोग जानकी जी को खोज नहीं पाये, उस पर यह दूसरी विपत्ति आ गई। हमसे तो अच्छा गृध्रराज जटायु ही था जिसने श्री रामचन्द्र जी के कार्य को करते हुये अपने प्राण न्यौछावर कर दिया था।"

अंगद के मुख से जटायु का नाम सुनकर सम्पाति ने आश्चर्य से कहा, "जटायु तो मेरा छोटा भाई है। तुम उसके विषय में मुझे पूरा पूरा हाल कहो।"

अंगद से जटायु के विषय में पूरा हाल सुनकर सम्पाति बोला, "बन्धुओं! तुम सीता जी की खोज करने जा रहे हो। मैं इस विषय में जो भी जानता हूँ वह तुम्हें बताता हूँ क्योंकि रावण से मैं अपने छोटे भाई जटायु का प्रतिशोध लेना चाहता हूँ। परन्तु मैं वृद्ध और दुर्बल होने के कारण रावण का वध नहीं कर सकता। इसलिये मैं तुम्हें उसका पता बताता हूँ। सीता जी का हरण करने वाला रावण लंका का राजा है और उसने सीता जी को लंकापुरी में ही रखा है जो

यहाँ से सौ योजन (चार सौ कोस) की दूरी पर है और इस समुद्र के उस पार है। लंकापुरी में बड़े भयंकर, सुभट, पराक्रमी राक्षस रहते हैं। लंकापुरी एक पर्वत के ऊपर स्वर्ण निर्मित नगरी है जिसका निर्माण स्वयं विश्वकर्मा ने किया है। उसमें बड़ी सुन्दर ऊँची-ऊँची मनोरम स्वर्ण निर्मित अट्टालिकाएँ हैं। वहीं पर स्वर्णकोट से घिरी अशोकवाटिका है जिसमें रावण ने सीता को राक्षसनियों के पहरे में छिपा कर रखा है। इस समुद्र को पार करने का उपाय करो तभी तुम सीता तक पहुँच सकोगे।"

यह कह कर वह गृद्ध मौन हो गया।

विशाल सागर की अपार विस्तार देख कर सभी वानर चिन्तित होकर एक दूसरे का मुँह ताकने लगे। अंगद, नल, नील आदि किसी भी सेनापति को समुद्र पार कर के जाने का साहस नहीं हुआ।

उन सबको निराश और दुःखी देख कर वृद्ध जाम्बन्त ने कहा, "हे पवनसुत! तुम इस समय चुपचाप क्यों बैठे हो? तुम तो वानरराज सुग्रीव के समान पराक्रमी हो। तेज और बल में तो राम और लक्ष्मण की भी बराबरी कर सकते हो। तुम्हारा वेग और विक्रम पक्षिराज गरुड़ से किसी भी भाँति कम नहीं है जो समुद्र में से बड़े-बड़े सर्पों को निकाल लाता है। इतना अतुल बल और साहस रखते हुये भी तुम समुद्र लाँघ कर जानकी जी तक पहुँचने के लिये तैयार क्यों नहीं होते? तुम्हें तो समुद्र या लंका में मृत्यु का भी भय नहीं है क्योंकि तुम्हें देवराज इन्द्र से इच्छामृत्यु का वर प्राप्त है। जब तुम चाहोगे, तभी तुम्हारी मृत्यु होगी अन्यथा नहीं। तुम केशरी के क्षेत्रज और वायुदेव के औरस पुत्र हो, इसीलिये उन्हीं के सदृश तेजस्वी और अबाध गति वाले हो। हम लोगों में तुम ही सबसे अधिक साहसी और शक्तिशाली हो।

इसलिये उठो और इस महासागर को लाँघ जाओ। तुम्हीं इन निराश वानरों की चिन्ता को दूर कर सकते हो। मैं जानता हूँ, इस कार्य को केवल तुम और अंगद दो ही व्यक्ति कर सकते हो, पर अंगद अभी बालक है। यदि वह चूक गया और उसकी मृत्यु हो गई तो सब लोग सुग्रीव पर कलंक लगायेंगे और कहेंगे कि अपने राज्य को निष्कंटक बनाने के लिये उसने अपने भतीजे को मरवा डाला। यदि मैं वृद्धावस्था के कारण दुर्बल न हो गया होता तो सबसे पहले मैं समुद्र लाँघता। इसलिये हे वीर! अपनी शक्ति को समझो और समुद्र लाँघने को तत्पर हो जाओ।"

जाम्बवन्त के प्रेरक वचनों को सुन कर हनुमान को अपनी क्षमता और बल पर पूरा विश्वास हो गया। अपनी भुजाओं को तान कर हनुमान ने अपने सशक्त रूप का प्रदर्शन किया और गुरुजनों से बोले, "आपके आशीर्वाद से मैं मेघ से उत्पन्न हुई बिजली की भाँति पलक मारते निराधार आकाश में उड़ जाउँगा। मुझे विश्वास हो गया है कि मैं लंका में जा कर अवश्य विदेहकुमारी के दर्शन करूँगा।"

यह कह कर उन्होंने घोर गर्जना की जिससे समस्त वानरों के हृदय हर्ष से प्रफुल्लित हो गये। सबसे विदा ले कर हनुमान महेन्द्र पर्वत पर चढ़ गये और मन ही मन समुद्र की गहराई का अनुमान लगाने लगे।

31

हनुमान का सागर पार करना

बड़े-बड़े गजराजों से भरे हुए महेन्द्र पर्वत के समतल प्रदेश में खड़े हुए हनुमान जी वहाँ जलाशय में स्थित हुए विशालकाय हाथी के समान जान पड़ते थे। सूर्य, इन्द्र, पवन, ब्रह्मा आदि देवों को प्रणाम कर हनुमान जी ने समुद्र लंघन का दृढ़ निश्चय कर लिया और अपने शरीर को असीमित रूप से बढ़ा लिया। उस समय वे अग्नि के समान जान पड़ते थे।

उन्होंने अपने साथी वानरों से कहा, "हे मित्रों! जैसे श्री रामचन्द्र जी का छोड़ा हुआ बाण वायुवेग से चलता है वैसे ही तीव्र गति से मैं लंका में जाऊँगा और वहाँ पहुँच कर सीता जी की खोज करूँगा। यदि वहाँ भी उनका पता न चला तो रावण को बाँध कर रामचन्द्र जी के चरणों में लाकर पटक दूँगा। आप विश्वास रखें कि मैं सर्वथा कृतकृत्य होकर ही सीता के साथ लौटूँगा अन्यथा रावण सहित लंकापुर को ही उखाड़ कर लाउँगा।"

इतना कह कर हनुमान आकाश में उछले और अत्यन्त तीव्र गति से लंका की ओर चले। उनके उड़ते ही उनके झटके से साल आदि अनेक वृक्ष पृथ्वी से उखड़ गये और वे भी उनके साथ उड़ने लगे। फिर थोड़ी दूर तक उड़ने के पश्चात् वे वृक्ष एक-एक कर के समुद्र में गिरने लगे। वृक्षों से पृथक हो कर सागर में गिरने वाले नाना प्रकार के पुष्प ऐसे प्रतीत हो रहे थे मानो शरद ऋतु के नक्षत्र जल की लहरों के साथ अठखेलियाँ कर रहे हों। तीव्र गति से उड़ते हुए महाकपि पवनसुत ऐसे प्रतीत हो रहे थे जैसे कि वे महासागर एवं अनन्त आकाश का आचमन करते हुये उड़े जा रहे हैं। तेज से जाज्वल्यमान उनके नेत्र हिमालय पर्वत पर लगे हुये दो दावानलों का भ्रम उत्पन्न करते थे।

कुछ दर्शकों को ऐसा लग रहा था कि आकाश में तेजस्वी सूर्य और चन्द्र दोनों एक साथ जलनिधि को प्रकाशित कर रहे हों। उनका लाल कटि प्रदेश पर्वत के वक्षस्थल पर किसी गेरू के खान का भ्रम पैदा कर रहा था। हनुमान के बगल से जो तेज आँधी भारी स्वर करती हुई निकली थी वह घनघोर वर्षाकाल की मेघों की गर्जना सी प्रतीत होती थी। आकाश में उड़ते हुये उनके विशाल शरीर का प्रतिबम्ब समुद्र पर पड़ता था तो वह उसकी लहरों के साथ मिल

कर ऐसा भ्रम उत्पन्न करता था जैसे सागर के वक्ष पर कोई नौका तैरती चली जा रही हो। इस प्रकार हनुमान निरन्तर आकाश मार्ग से लंका की ओर बढ़े जा रहे थे।

हनुमान के अद्भुत बल और पराक्रम की परीक्षा करने के लिये देवता, गन्धर्व, सिद्ध और महर्षियों ने नागमाता सुरसा के पास जा कर कहा, "हे नागमाता! तुम जा कर वायुपुत्र हनुमान की यात्रा में विघ्न डाल कर उनकी परीक्षा लो कि वे लंका में जा कर रामचन्द्र का कार्य सफलता पूर्वक कर पायेंगे या नहीं।" ऋषियों के मर्म को समझ कर सुरसा विशालकाय राक्षसनी का रूप धारण कर के समुद्र के मध्य में जा कर खड़ी हो गई और उसने अपने रूप को अत्यन्त विकृत बना लिया। हनुमान को अपने सम्मुख पा कर वह बोली, "आज मैं तुम्हें अपना आहार बना कर अपनी क्षुधा को शान्त करूँगी। मैं चाहती हूँ, तुम स्वयं मेरे मुख में प्रवेश करो ताकि मुझे तुम्हें खाने के लिये प्रयत्न न करना पड़े।" सुरसा के शब्दों को सुन कर हनुमान बोले, "तुम्हारी इच्छा पूरी करने में मुझे कोई आपत्ति नहीं है, किन्तु इस समय मैं अयोध्या के राजकुमार रामचन्द्र जी के कार्य से जा रहा हूँ। उनकी पत्नी को रावण चुरा कर लंका ले गया है। मैं उनकी खोज करने के लिये जा रहा हूँ तुम भी राम के राज्य में रहती हो, इसलिये इस कार्य में मेरी सहायता करना तुम्हारा कर्तव्य है। लंका से मैं जब अपना कार्य सिद्ध कर के लौटूँगा, तब अवश्य तुम्हारे मुख में प्रवेश करूँगा। यह मैं तुम्हें वचन देता हूँ।"

हनुमान की प्रतिज्ञा पर ध्यान न देते हुये सुरसा बोली, "जब तक तुम मेरे मुख में प्रवेश न करोगे, मैं तुम्हारे मार्ग से नहीं हटूँगी।" यह सुन कर हनुमान बोले, "अच्छा तुम अपने मुख को अधिक से अधिक खोल कर मुझे निगल लो। मैं तुम्हारे मुख में प्रवेश करने को तैयार हूँ।" यह कह कर महाबली हनुमान ने योगशक्ति से अपने शरीर का आकार बढ़ा कर चालीस कोस का कर लिया। सुरसा भी अपूर्व शक्तियों से सम्पन्न थी। उसने तत्काल अपना मुख अस्सी कोस तक फैला लिया हनुमान ने अपना शरीर एक अँगूठे के समान छोटा कर लिया और तत्काल उसके मुख में घुस कर बाहर निकल आये। फिर बोले, "अच्छा सुरसा, तुम्हारी इच्छा पूरी हुई अब मैं जाता हूँ। प्रणाम!" इतना कह कर हनुमान आकाश में उड़ गये।

पवनसुत थोड़ी ही दूर गये थे कि सिंहिका नामक राक्षसनी की उन पर दृष्टि पड़ी। वह हनुमान को खाने के लिये लालयित हो उठी। वह छाया ग्रहण विद्या में पारंगत थी। जिस किसी प्राणी की छाया पकड़ लेती थी, वह उसके बन्धन में बँधा चला आता था। जब उसने हनुमान की छाया को पकड़ लिया तो हनुमान की गति अवरुद्ध हो गई। उन्होंने आश्चर्य से सिंहिका की ओर देखा। वे समझ गये, सुग्रीव ने जिस अद्भुत छायाग्राही प्राणी की बात कही थे, सम्भवतः यह वही है। यह सोच कर उन्होंने योगबल से अपने शरीर का विस्तार मेघ के समान अत्यन्त विशाल कर लिया। सिंहिका ने भी अपना मुख तत्काल आकाश से पाताल तक फैला लिया और गरजती हुई उनकी ओर दौड़ी। यह देख कर हनुमान अत्यन्त लघु रूप धारण करके उसके मुख में जा गिरे और अपने तीक्ष्ण नाखूनों से उसके मर्मस्थलों को फाड़ डाला। इसके पश्चात् बड़ी फुर्ती से बाहर निकल कर आकाश की ओर उड़ चले। राक्षसनी क्षत-विक्षत हो कर समुद्र में गिर पड़ी और मर गई।

32

हनुमान जी का लंका में प्रवेश

चार सौ योजन अलंघनीय समुद्र को लाँघ कर महाबली हनुमान जी त्रिकूट नामक पर्वत के शिखर पर स्वस्थ भाव से खड़े हो गये। कपिश्रेष्ठ ने वहाँ सरल (चीड़), कनेर, खिले हुए खजूर, प्रियाल (चिरौंजी), मुचुलिन्द (जम्बीरी नीबू), कुटज, केतक (केवड़े), सुगन्धपूर्ण प्रियंगु (पिप्पली), नीप (कदम्ब या अशोक), छितवन, असन, कोविदार तथा खिले हुए करवीर भी देखे। फूलों के भार से लदे हुए तथा मुकुलित (अधखिले), बहुत से वृक्ष भी उन्हें दृष्टिगोचर हुए जिनकी डालियाँ झूम रही थीं और जिन पर नाना प्रकार के पक्षी कलरव कर रहे थे।

हनुमान जी धीरे धीरे अद्भुत शोभा से सम्पन्न रावणपालित लंकापुरी के पास पहुँचे। उन्होंने देखा, लंका के चारों ओर कमलों से सुशोभित जलपूरित खाई खुदी हुई है। वह महापुरी सोने की चहारदीवारी से घिरी हुई हैं। श्वेत रंग की ऊँची ऊँची सड़कें उस पुरी को सब ओर से घेरे हुए थीं। सैकड़ों गगनचुम्बी अट्टालिकाएँ ध्वजा-पताका फहराती हुई उस नगरी की शोभा बढ़ा रही हैं।

उस पुरी के उत्तर द्वार पर पहुँच कर वानरवीर हनुमान जी चिन्ता में पड़ गये। लंकापुरी भयानक राक्षसों से उसी प्रकार भरी हुई थी जैसे कि पाताल की भोगवतीपुरी नागों से भरी रहती है। हाथों में शूल और पट्टिश लिये बड़ी बड़ी दाढ़ों वाले बहुत से शूरवीर घोर राक्षस लंकापुरी की रक्षा कर रहे थे। नगर की इस भारी सुरक्षा, उसके चारों ओर समुद्र की खाई और रावण जैसे भयंकर शत्रु को देखकर हनुमान जी विचार करने लगे कि यदि वानर वहाँ तक आ जायें तो भी वे व्यर्थ ही सिद्ध होंगे क्योंकि युद्ध द्वारा देवता भी लंका पर विजय नहीं पा सकते। रावणपालित इस दुर्गम और विषम (संकटपूर्ण) लंका में महाबाहु रामचन्द्र आ भी जायें तो क्या कर पायेंगे? राक्षसों पर साम, दान और भेद की नीति का प्रयोग असम्भव दृष्टिगत हो रहा है। यहाँ तो केवल चार वेगशाली वानरों अर्थात् बालिपुत्र अंगद, नील, मेरी और बुद्धिमान राजा सुग्रीव की ही पहुँच हो सकती है। अच्छा पहले यह तो पता लगाऊँ कि विदेहकुमारी सीता जीवित भी है या नहीं? जनककिशोरी का दर्शन करने के पश्चात् ही मैं इस

विषय में कोई विचार करूँगा।

उन्होंने सोचा कि मैं इस रूप से राक्षसों की इस नगरी में प्रवेश नहीं कर सकता क्योंकि बहुत से क्रूर और बलवान राक्षस इसकी रक्षा कर रहे हैं। जानकी की खोज करते समय मुझे स्वयं को इन महातेजस्वी, महापराक्रमी और बलवान राक्षसों से गुप्त रखना होगा। अतः मुझे रात्रि के समय ही नगर में प्रवेश करना चाहिये और सीता का अन्वेषण का यह समयोचित कार्य करने के लिये ऐसे रूप का आश्रय लेना चाहिये जो आँख से देखा न जा सके, मात्र कार्य से ही यह अनुमान हो कि कोई आया था।

देवताओं और असुरों के लिये भी दुर्जय लंकापुरी को देखकर हनुमान जी बारम्बार लम्बी साँस खींचते हुये विचार करने लगे कि किस उपाय से काम लूँ जिसमें दुरात्मा राक्षसराज रावण की दृष्टि से ओझल रहकर मैं मिथिलेशनन्दिनी जनककिशोरी सीता का दर्शन प्राप्त कर सकूँ। अविवेकपूर्ण कार्य करनेवाले दूत के कारण बने बनाये काम भी बिगड़ जाते हैं। यदि राक्षसों ने मुझे देख लिया तो रावण का अनर्थ चाहने वाले श्री राम का यह कार्य सफल न हो सकेगा। अतः अपने कार्य की सिद्धि के लिये रात में अपने इसी रूप में छोटा सा शरीर धारण करके लंका में प्रवेश करूँगा और घरों में घुसकर जानकी जी की खोज करूँगा।

ऐसा निश्चय करके वीर वानर हनुमान सूर्यास्त की प्रतीक्षा करने लगे। सूर्यास्त हो जाने पर रात के समय उन्होंने अपने शरीर को छोटा बना लिया और उछलकर उस रमणीय लंकापुरी में प्रवेश कर गये।

33

लंका में सीता की खोज

इस प्रकार से सुग्रीव का हित करने वाले कपिराज हनुमान जी ने लंकापुरी में प्रवेश कर मानो शत्रुओं के सिर पर अपना बायाँ पैर रख दिया। वे राजमार्ग का आश्रय ले उस रमणीय लंकापुरी की और चले। वहाँ पर स्वर्ण निर्मित विशाल भवनों में दीपक जगमगा रहे थे। कहीं नृत्य हो रहा था और कहीं सुरा पी कर मस्त हुये राक्षस अनर्गल प्रलाप कर रहे थे। हनुमान जी ने देखा कि बहुत से राक्षस मन्त्रों का जाप करते हुए स्वाध्याय में तत्पर थे। कोई जटा बढ़ाये तो कोई मूड़ मुड़ाये रावण के अनेक गुप्तचर भी उन्हें दृष्टिगत हुए।

हनुमान जी ने नगर के सब भवनों तथा एकान्त स्थानों को छान डाला, परन्तु कहीं सीता दिखाई नहीं दीं। अन्त में उन्होंने सब ओर से निराश हो कर रावण के उस राजप्रासाद में प्रवेश किया जिसमें लंका के मन्त्री, सचिव एवं प्रमुख सभासद निवास करते थे। उन सब का भली-भाँति निरीक्षण करने के पश्चात् वे रावण के अत्यन्त प्रिय बृहत्शाला की ओर चले। वहाँ की सीढ़ियाँ रत्नजटित थीं। स्वर्ण निर्मित वातायन दीपों के प्रकाश से जगमगा रही थीं।

स्थान-स्थान पर हाथी दाँत का काम किया हुआ था। छतें और स्तम्भ मणियों तथा रत्नों से जड़े हुये थे। इन्द्र के भवन से भी अधिक सुसज्जित इस भव्य शाला को देख कर हनुमान चकित रह गये। उन्होंने एक ओर स्फटिक के सुन्दर पलंग पर रावण को हुए मदिरा के मद में पड़े देखा जो कि अनिन्द्य सुन्दरियों से घिरे हुए था। उसके नेत्र अद्धेनिमीलित हो रहे थे। अनेक रमणियों के वस्त्राभूषण अस्त-व्यस्त हो रहे थे और वे सुरा के प्रभाव से अछूती भी नहीं थीं। वहाँ भी सीता को न पा कर पवनसुत बाहर निकल आये।

फिर हनुमान जी ने रावण के अन्य निकट सम्बंधियों के निवास स्थानों में सीता की खोज की किन्तु वहाँ भी उन्हें असफलता ही मिली। तत्पश्चात् हनुमान ने रावण की पटरानी मन्दोदरी के भवन में प्रवेश किया। अपने शयनागार में मन्दोदरी एक स्फटिक से श्वेत पलंग पर सो रही थी। उसके शय्या के चारों ओर रंग-बिरंगी सुवासित पुष्पमालायें झूल रही थीं।

उसके अद्भुत रूप, लावण्य, सौन्दर्य एवं यौवन को देख कर हनुमान के मन में विचार आया, सम्भवतः यही जनकनन्दिनी सीता हैं, परन्तु उसी क्षण उनके मन में एक और विचार

उठा कि ये सीता नहीं हो सकतीं क्योंकि रामचन्द्र जी के वियोग में पतिव्रता सीता न तो सो सकती हैं और न इस प्रकार आभूषण आदि पहन कर श्रृंगार ही कर सकती हैं। अतएव यह स्त्री अनुपम लावण्यमयी होते हुये भी सीता कदापि नहीं है। यह सोच कर वे उदास हो गये और मन्दोदरी के कक्ष से बाहर निक आये।

अकस्मात् वे सोचने लगे कि आज मैंने पराई स्त्रियों को अस्त-व्यस्त वेष में सोते हुये देख कर भारी पाप किया है। वे इस पर पश्चाताप करने लगे। फिर यह विचार कर उन्होंने अपने मन को शान्ति दी कि उन्हें देख कर मेरे मन में कोई विकार उत्पन्न नहीं हुआ इसलिये यह पाप नहीं है। फिर जिस उद्देश्य के लिये मुझे भेजा गया है, उसकी पूर्ति के लिये मुझे अनिवार्य रूप से स्त्रियों का अवलोकन करना पड़ेगा। इसके बिना मैं अपना कार्य कैसे पूरा कर सकूँगा। फिर वे सोचने लगे मुझे सीता जी कहीं नहीं मिलीं। रावण ने उन्हें मार तो नहीं डाला? यदि ऐसा है तो मेरा सारा परिश्रम व्यर्थ गया।

नहीं, मुझे यह नहीं सोचना चाहिये। जब तक मैं लंका का कोना-कोना न छान मारूँ, तब तक मुझे निराश नहीं होना चाहिये। यह सोच कर अब उन्होंने ऐसे-ऐसे स्थानों की खोज आरम्भ की, जहाँ तनिक भी असावधानी उन्हें यमलोक तक पहुँचा सकती थी। उन स्थानों में उन्होंने रावण द्वारा हरी गई अनुपम सुन्दर नागकन्याओं एवं किन्नरियों को भी देखा, परन्तु सीता कहीं नहीं मिलीं। सब ओर से निराश हो कर उन्होंने सोचा, मैं बिना सीता जी का समाचार लिये लौट कर किसी को मुख नहीं दिखा सकता। इसलिये यहीं रह कर उनकी खोज करता रहूँगा, अथवा अपने प्राण दे दूँगा। यह सोच कर भी उन्होंने सीता को खोजने का कार्य बन्द नहीं किया।

34

हनुमान जी अशोकवाटिका में

हनुमान जी सीता की खोज के अपने निश्चय पर अडिग हो गये। उन्होंने प्रण कर लिया कि जब तक मैं यशस्विनी श्री रामपत्नी सीता का दर्शन न कर लूँगा तब तक इस लंकापुरी में बारम्बार उनकी खोज करता ही रहूँगा। इधर यह अशोकवाटिका दृष्टिगत हो रही है जिसके भीतर अनेक विशाल वृक्ष हैं। इस वाटिका में मैंने अभी तक अनुसंधान नहीं किया है अतः अब इसी में चलकर जनककुमारी वैदेही को ढूँढना चाहिये।

वह अशोकवाटिका चारों ओर से ऊँचे परकोटों से घिरी हुई थी। अतः वाटिका के भीतर जाने के उद्देश्य से हनुमान जी उसकी चहारदीवारी पर चढ़ गये। चहारदीवारी पर बैठे हुए उन्होंने देखा कि वहाँ साल, अशोक, निम्ब और चम्पा के वृक्ष भली-भाँति खिले हुए थे। बहुवार, नागकेसर और बन्दर के मुँह की भाँति लाल फल देने वाले आम भी पुष्प मञ्जरियों से सुशोभित हो रहे थे। अमराइयों से युक्त वे सभी वृक्ष शत-शत लताओं से आवेष्टित हो रहे थे। हनुमान जी प्रत्यञ्चा से छूटे हुए बाण के समान उछले और उन वृक्षों की वाटिका में जा पहुँचे।

वह विचित्र वाटिका स्वर्ण और रजत के समान वर्ण वाले वृक्षों द्वारा सब ओर से घिरी हुई थी और नाना प्रकार के पक्षियों के कलरव से गुंजायमान हो रही थी। भाँति-भाँति के विहंगमों और मृगसमूहों से उसकी विचित्र शोभा हो रही थी। वह विचित्र काननों से अलंकृत थी और नवोदित सूर्य के समान अरुण रंग की दिखाई देती थी। फूलों और फलों से लदे हुए नाना प्रकार के वृक्षों से व्याप्त हुई उस अशोकवाटिका का मतवाले कोकिल और भ्रमर सेवन करते थे। मृग और द्विज (पक्षी) मदमत्त हो उठते थे। मतवाले मोरों का कलनाद वहाँ निरन्तर गूँजता रहता था।

वाटिका में जहाँ-तहाँ विभिन्न आकारों वाली बावड़ियाँ थीं जो उत्तम जल और मणिमय सोपानों से युक्त थीं। जल के नीचे की फर्श स्फटिक मणि की बनी हुई थी और बावड़ियों के तटों पर तरह-तरह के विचित्र सुवर्णमय वृक्ष शोभा दे रहे थे। उनमें खिले हुए कमलों के वन,

चक्रवाकों के जोड़े, पपीहा, हंस और सारस वहाँ की शोभा बढ़ा रहे थे। उस अशोकवाटिका में विश्वकर्मा के बनाये हुए बड़े-बड़े महल और कृत्रम कानन सब ओर से उसकी शोभा बढ़ा रहे थे।

तदन्तर महाकपि हनुमान ने एक सुवर्णमयी शिंशपा (अशोक) वृक्ष देखा जो बहुत से लताविताानों और अगणित पत्तों से व्याप्त था तथा सब ओर से सुवर्णमयी वेदिकाओं से घिरा था। महान वेगशाली हनुमान जी उस अशोक वृक्ष पर यह सोचकर चढ़ गये कि मैं यहीं से श्री रामचन्द्र जी के दर्शन के लिये उत्सुक हुई विदेहनन्दिनी सीता को देखूँगा जो दुःख से आतुर हो इच्छानुसार इधर-उधर आती होंगी। यह प्रातःकाल की सन्ध्योपासना का समय है और सन्ध्याकालिक उपासना के लिये वैदेही अवश्य ही यहाँ पर पधारेंगी। ऐसा सोचते हुए महात्मा हनुमान जी नरेन्द्रपत्नी सीता के शुभागमन की प्रतीक्षा में तत्पर हो उस अशोकवृक्ष पर छिपे रहकर उस सम्पूर्ण वन पर दृष्टिपात करते रहे।

उस अशोकवाटिका में वानर-शिरोमणि हनुमान ने थोड़ी ही दूर पर एक गोलाकार ऊँचा एक हजार खंभों वाला गोलाकार प्रासाद देखा जो कैलास पर्वत के समान श्वेत वर्ण का था। उसमें मूँगे की सीढ़ियाँ बनीं थीं तथा तपाये हुए सोने की वेदियाँ बनायी गयी थीं। उनकी दृष्टि वहाँ एक सुन्दरी स्त्री पर पड़ी जो मलिन वस्त्र धारण किये राक्षसियों से घिरी हुई बैठी थी। अलंकारशून्य होने के कारण वह कमलों से रहित पुष्करिणी के समान श्रीहीन दिखाई देती थी।

वह शोक से पीड़ित, दुःख से संतप्त और सर्वथा क्षीणकाय हो रही थी। उपवास से दुर्बल हुई उस दुखिया नारी के मुँह पर आँसुओं की धारा बह रही थी। वह शोक और चिन्ता में मग्न हो दीन दशा में पड़ी हुई थी एवं निरन्तर दुःख में ही डूबी रहती थी। काली नागिन के समान कटि से नीचे तक लटकी हुई एकमात्र काली वेणी द्वारा उपलक्षित होनेवाली वह नारी बादलों के हट जाने पर नीली वनश्रेणी से घिरी हुई पृथ्वी के समान प्रतीत होती थी।

हनुमान जी ने अनुमान किया कि हो-न-हो यही सीता है। इन्हीं के वियोग में दशरथनन्दन राम व्याकुल हो रहे हैं। यह तपस्विनी ही उनके हृदय में अक्षुण्ण रूप से निवास करती हैं। इन्हीं सीता को पुनः प्राप्त करने के लिये रामचन्द्र जी ने वालि का वध कर के सुग्रीव को उनका खोया हुआ राज्य दिलाया है। इन्हीं को खोज पाने के लिये मैंने विशाल सागर को पार कर के लंका के भवन अट्टालिकाओं की खाक छानी है।

इस अद्भुत सुन्दरी को प्राप्त करने के लिये रघुनाथ जी सागर पर्वतों सहित यदि सम्पूर्ण धरातल को भी उलट दें तो भी कम है। ऐसी पतिपरायणा साध्वी देवी के सम्मुख तीनों लोकों का राज्य और चौदह भुवन की सम्पदा भी तुच्छ है। आज यह महा पतिव्रता राक्षसराज रावण के पंजों में फँस कर असह्य कष्ट भोग रही है। मुझे अब इस बात में तनिक भी सन्देह नहीं है कि यह वही सीता है जो अपने देवता तुल्य पति के प्रेम के कारण अयोध्या के सुख-वैभव का परित्याग कर के रामचन्द्र के साथ वन के कष्टों को हँस-हँस कर झेलने के लिये चली आई थीं और जिसे नाना प्रकार के दुःखों को उठा कर भी कभी वन में आने का पश्चाताप नहीं

हुआ।

वही सीता आज इस राक्षसी घेरे में फँस कर अपने प्राणनाथ के वियोग में सूख-सूख कर काँटा हो गई हैं, किन्तु उन्होंने अपने सतीत्व पर किसी प्रकार की आँच नहीं आने दिया। इसमें सन्देह नहीं, यदि इन्होंने रावण के कुत्सित प्रस्ताव को स्वीकार कर लिया होता तो आज इनकी यह दशा नहीं होती। राम के प्रति इनके मन में कितना अटल स्नेह है, यह इसी बात से सिद्ध होता है कि ये न तो अशोकवाटिका की सुरम्य शोभा को निहार रही हैं और न इन्हें घेर कर बैठी हुई निशाचरियों को। उनकी एकटक दृष्टि पृथ्वी में राम की छवि को निहार रही हों।

सीता की यह दीन दशा देख कर भावुक पवनसुत के नेत्रों से अश्रुधारा प्रवाहित हो चली। वे सुध-बुध भूल कर निरन्तर आँसू बहाने लगे। कभी वे सीता जी की दीन दशा को देखते थे और कभी रामचन्द्र जी के उदास दुःखी मुखण्डल का स्मरण करते थे। इसी विचारधारा में डूबते-उतराते रात्रि का अवसान होने और प्राची का मुखमण्डल उषा की लालिमा से सुशोभित होने लगी। तभी हनुमान को ध्यान आया कि रात्रि समाप्तप्राय हो रही है। वे चैतन्य हो कर ऐसी युक्ति पर विचार करने लगे जिससे वे सीता से मिल कर उनसे वार्तालाप करके उन तक श्री रामचन्द्र जी का सन्देश पहुँच सकें।

35

रावण-सीता संवाद

इस प्रकार फूले हुए वृक्षों से सुशोभित उस वन की शोभा देखते और विदेहनन्दिनी का अनुसंधान करते हुए हनुमान जी की वह सारी रात प्रायः व्यतीत हो चली। रात्रि जब मात्र एक प्रहर बाकी रही तो रात के उस पिछले प्रहर में छहों अंगोंसहित सम्पूर्ण वेदों के विद्वान तथा श्रेष्ठ यज्ञों द्वारा यजन करने वाले ब्रह्म-राक्षसों के घर में वेदपाठ की ध्वनि होने लगी जिसे हनुमान जी ने सुना।

तदन्तर मंगल वाद्यों तथा श्रवण-सुखद शब्दों द्वारा महाबाहु दशमुख रावण को जगाया गया। जागने पर महाभागी एवं प्रतापी राक्षसराज रावण ने सबसे पहले विदेहनन्दिनी सीता का चिन्तन किया। सीता के प्रति आसक्त एवं काम से प्रेरित रावण ने सब प्रकार के आभूषण धारण कर तथा परम उत्तम शोभा से सम्पन्न हो अशोकवाटिका में प्रवेश किया। पुलस्त्यनन्दन रावण के पीछे-पीछे लगभग एक सौ सुन्दरियाँ भी थीं। काम के आधीन एवं मन में सीता की आस लगाये मन्दगति से आगे बढ़ता रावण अद्भुत शोभा पा रहा था। काम, दर्प और मद से युक्त अचिन्त्य बल-पौरुष से सम्पन्न रावण के अशोकवाटिका के द्वार तक पहुँचने पर कपिवर हनुमान जी ने उसे देखा। यद्यपि मतिमान् हनुमान जी अत्यन्त उग्रतेजस्वी थे, तथापि रावण के तेज से तिरस्कृत-से होकर सघन पत्तो में घुसकर छिप गये।

अनिन्द्य सुन्दरी राजकुमारी सीता ने जब उत्तमोत्तम आभूषणों से विभूषित तथा रूप-यौवन से सम्पन्न राक्षसराज रावण को आते देखा तो वे प्रचण्ड हवा में हिलने वाली कदली के समान भय के मारे थर-थर काँपने लगीं। सुन्दर कान्ति वाली विशाललोचना जानकी ने अपने जंघाओं से पेट और दोनों भुजाओं से स्तन छिपा लिये और रुदन करने लगीं। निशाचरियों से घिरी आसन रहित भूमि पर शोक-विह्वल दीन सीता को रावण ने ध्यानपूर्वक देखा जो दृष्टि नीची किये एकटक पृथ्वी की ओर देख रही थी।

ऐसी दुःखी जानकी के पास आकर लंकापति रावण हँसता हुआ बोले, "हे मृगनयनी! मुझे देख कर तू अपने शरीर को छिपाने का प्रयत्न क्यों कर रही है। स्मरण रख, तेरी इच्छा के बिना मैं कदापि तेरा स्पर्श नहीं करूँगा। तू मुझ पर और मेरे कथन पर विश्वास रख और इस

प्रकार दुःखी हो कर अश्रु मत बहा। तेरी यह मलिन, आभूषणरहित वेश-भूषा देख कर मुझे अत्यधिक पीड़ा होती है। तू संसार की सुन्दरियों में शिरोमणि है। अपने इस सौन्दर्य तथा यौवन को व्यर्थ नष्ट मत होने दे। यदि एक बार यह यौवन नष्ट हो गया तो फिर लौट कर नहीं आयेगा। मैं फिर कहता हूँ, तू विश्व की अनुपम सुन्दरी है विधाता की अद्वितीय सृष्टि है। तेरे निर्माण में ब्रह्मा ने अपना सारा कौशल और चतुराई लगा दी।

इसीलिये तेरी रचना में उसने किसी प्रकार की कोई कमी नहीं रखी है। तेरे किस-किस अंग की मैं सराहना करूँ। जिस अंग पर दृष्टि पड़ती है, उसी पर अटक कर रह जाती है। मैं तुझे पूरे हृदय से अपनाना चाहता हूँ। मैं तेरे प्रत्येक अंग का रसास्वादन करना चाहता हूँ। इसी लिये तुझसे कहता हूँ, तू राम का मोह छोड़ दे। मैं तुझे अपनी पटरानी बनाउँगा। मेरी सब रानियाँ तो तेरी चरणों की दासी बनेंगी ही, मैं भी तेरा दास बन कर रहूँगा। अपने भुजबल से अर्जित सम्पूर्ण सम्पत्ति तेरे चरणों में अर्पित कर दूँगा। जीते हुये समस्त राज्य तेरे पिता जनक को दे दूँगा। तू वास्तव में इतनी सुन्दर है कि तुझे देख कर तो तुझे बनाने वाला स्वयं विधाता कामवश हो जायेगा, मेरी तो बात ही क्या है? इसलिये तू मेरी बात स्वीकार कर ले। राम से भयभीत होने की आवश्यकता कोई नहीं है।

संसार में कोई भी मुझसे लोहा नहीं ले सकता। चल, उठ कर खड़ी हो जा और सुन्दर वस्त्राभूषण धारण कर के मेरे साथ रमण कर। हे कल्याणी! चल कर तू मेरे ऐश्वर्य को देख और उस कंगाल वनवासी को भूल जा। तू ही सोच, राम के पास न राज्य है, न धन है, न कोई दास है, न सेना है और न कोई साधन है। फिर यह भी क्या पता है कि वह अभी जीता है या मर गया। यदि जीवित भी हो तो भी न तो तू उसके पास पहुँच सकती है और न वह स्वयं ही यहाँ आ सकता है। अतएव चिन्ता का परित्याग कर के निश्चिन्त हो कर मेरे साथ रमण कर।"

रावण के नीच वचनों को सुन कर मध्य में तृण रख कर जानकी बोलीं, "हे लंकेश! तुम्हारे जैसे विद्वान के लिये यह उचित होगा कि तुम अपनी मर्यादाओं का उल्लंघन न करो और मुझसे अपना मन हटा कर अपनी रानियों से प्रेम करो। स्मरण रखो, पापी और नीच भावना रखने वाले पुरुषों को अपने उद्देश्य में कभी सफलता नहीं मिलती। मैं उत्तम कुल में जन्म लेने वाली पतिपरायणा पत्नी हूँ, तुम मुझे मेरे सतीत्व से कदापि विचलित नहीं कर सकते।

अपने प्राण रहते मैं तुम्हारे नीचता से परिपूर्ण प्रस्ताव को किसी भी दशा में स्वीकार नहीं कर सकती। यदि तुममें तनिक भी न्याय-बुद्धि होती तो तुम अन्य स्त्रियों के धर्म की उसी प्रकार रक्षा करते जिस प्रकार अपनी रानियों के सतीत्व की करते हो। क्या इस लंका में ऐसा कोई समझदार व्यक्ति नहीं है जो तुम्हें इस साधारण सी बात का बोध कराये? तुम तो नीतिवान बनते हो, फिर नीति का यह वाक्य कैसे भूल गये कि जिस राजा की इन्द्रियाँ उसके वश में नहीं रहतीं, वह चाहे कितना ही ऐश्वर्यवान हो, अन्त में रसातल को जाता है, उसका सर्वस्व नष्ट हो जाता है। हे दुर्बुद्धि! तूने अभी तक मुझे पहचाना नहीं है।

मैं तेरे ऐश्वर्य, राज्य, धन-सम्पत्ति के लोभ में नहीं फँस सकती। तेरा यह कहना भी एक व्यर्थ का प्रलाप है कि मैं रघुकुलमणि रामचन्द्र जी से नहीं मिल सकती। अरे मूर्ख! वे तो सदैव मेरे हृदय में निवास करते हैं। मुझे कोई उनसे अलग नहीं कर सकता। मेरा उनका ऐसा अटूट सम्बंध है जैसा कि सूर्य का उसकी प्रभा से। इसलिये मैं उनकी हूँ और सदा ही उनकी रहूँगी। यदि तू सोच-समझ कर यह मान ले कि तूने मेरा अपहरण कर के एक भयंकर अपराध किया है और इसलिये मुझे लौटाते हुये तुझे भय लगता है तो मैं तुझे अभयदान देते हुये वचन देती हूँ कि तू मुझे उनके पास पहुँचा दे, मैं तुझे उनसे क्षमा करा दूँगी। यदि तुम अब भी अपनी हठ पर अड़े रहे तो विश्वास करो कि तुम्हारी मृत्यु निश्चित है और तुम्हें उनके बाणों से कोई नहीं बचा सकता। इसलिये मैं फिर कहती हूँ कि सावधान हो जाओ। अपने साथ लंका और लंकावासियों का नाश मत करो। इसी में तुम्हारा और तुम्हारे राक्षसकुल का कल्याण है।"

सीता के ये कठोर वचन सुनकर राक्षसराज रावण ने उन प्रियदर्शना सीता को यह अप्रिय उत्तर दिया, "लोक में पुरुष जैसे-जैसे अनुनय-विनय करता है, वैसे-वैसे ही वह उनका प्रिय होता जाता है किन्तु मैं तुमसे ज्यों-ज्यों मीठे वचन बोलता हूँ त्यों-त्यों तुम मेरा तिरस्कार करती जाती हो। तुम्हारे प्रति जो मेरा प्रेम उत्पन्न हो गया है, वही मेरे क्रोध को रोक रहा है। हे समुखि! यही कारण है कि वध और तिरस्कार के योग्य होने पर भी मैं तुम्हारा वध नहीं कर रहा हूँ। मिथिलेशकुमारी! तुम मुझसे जैसी कठोर बातें कह रही हो, उनके प्रतिकार में तुम्हें कठोर प्राणदण्ड देना ही उचित है। हे सुन्दरि! मैंने तुम्हारे लिये जो अवधि नियुक्त की है उसके अनुसार मुझे दो महीने और प्रतीक्षा करनी है। तत्पश्चात् तुम्हें मेरी शय्या पर आना ही होगा। स्मरण रखो यदि दो महीने बाद तुमने अपना पति स्वीकार नहीं करोगी तो मेरे रसोइये मेरे कलेवे के लिये तुम्हारे टुकड़े-टुकड़े कर डालेंगे।"

राक्षसराज रावण के इन वचनों को सुनकर पातिव्रत्य और पति के शौर्य के अभिमान से परिपूर्ण सीता ने कहा, "निश्चय ही इस नगर में तेरा भला चाहने वाला कोई भी ऐसा पुरुष नहीं है जो तुझे इस निन्दित कर्म से रोके। नीच राक्षस! तूने अमित तेजस्वी श्री राम की भार्या से जो पाप की बात कही है, उसके परिणामस्वरूप दण्ड से तू कहाँ जाकर छुटकारा पायेगा? मैं धर्मात्मा श्री राम की धर्मपत्नी और महाराज दशरथ की पुत्रवधू हूँ।

दशमुख रावण! मेरा तेज ही तुझे भस्म कर डालने के लिये पर्याप्त है। केवल श्रीराम की आज्ञा न होने से और अपनी तपस्या को सुरक्षि रखने के विचार से मैं तुझे भस्म नहीं कर रही हूँ। निःसन्देह तेरे वध के लिये ही विधाता ने यह विधा रच दिया है। तू कितना वीर और पराक्रमी है इसका पता तो मुझे उसी दिन चल गया था, जब तेरे पास इतनी विशाल सेना, बल और तेज होते हुये भी तू मुझे चोरों की भाँति मेरे पति की अनुपस्थिति में चुरा लाया था। क्या इससे तेरी कायरता का पता नहीं चलता।"

सीता के मुख से ऐसे अप्रत्याशित एवं अपमानजनक वचन सुनकर रावण का सम्पूर्ण शरीर क्रोध से थर-थर काँपने लगा। उसके नेत्रों से अंगारे बरसाने लगे। वह दहाड़ता हुआ बोला, "अन्यायी और निर्धन मनुष्य का अनुसरण करने वाली नारी! जैसे सूर्यदेव अपने तेज

से प्रातःकालिक संध्या के अन्धकार को नष्ट कर देते हैं उसी प्रकार मैं तेरा तत्काल विनाश किये देता हूँ।"

तत्पश्चात् रावण ने एकाक्षी (एक आँख वाली), एककर्णा (एक कान वाली), अश्वपदी (घोड़े के समान पैर वाली), सिंहमुखी (सिंह के समान मुख वाली) आदि विकराल दिखायी देनेवाली राक्षसियों को सम्बोधित करते हुए कहा, "जिस प्रकार भी हो, सीता को मेरे वश में होने के लिये विवश करो। यदि वह प्रेम से न माने तो इसे मनचाहा दण्ड दो ताकि यह हाथ जोड़ कर गिड़गिड़ाती तुई मुझसे प्रार्थाना करे और मुझे अपना पति स्वीकार करे।"

राक्षसियों को इस प्रकार आज्ञा देकर काम और क्रोध से व्याकुल हुआ राक्षसराज रावण सीता की ओर देखकर गर्जना करने लगा। रावण को अत्यन्त क्रोधित देखकर मन्दोदरी और धान्यमालिनी नाम की एक अन्य राक्षस-कन्या शीघ्र रावण के पास आयीं और उसका आलिंगन कर बोलीं, "हे प्राणनाथ! आप इस कुरूप सीता के लिये क्यों इतने व्याकुल होते हैं? भला इसके फीके पतले अधरों, अनाकर्षक कान्ति और छोटे भद्दे आकार में क्या आकर्षण है? आप चल कर मेरे साथ विहार कीजिये। इस अभागी को मरने दीजिये। इसके ऐसे भाग्य कहाँ जो आप जैसे अपूर्व बलिष्ठ, अद्भुत पराक्रमी, तीनों लोकों के विजेता के साथ रमण-सुख प्राप्त कर सके। नाथ! जो स्त्री आपको नहीं चाहती, उसके पीछे उन्मत्त की भाँति दौड़ने से क्या लाभ? इससे तो व्यर्थ ही मन को दुःख होता है।"

जब उन राक्षसियों ने ऐसा कहा और उसे दूसरी ओर हटा ले गयीं तो मेघ के समान काला और बलवान राक्षस रावण जोर-जोर से हँसता हुआ अपने भव्य प्रासाद की ओर चल पड़ा।

36

जानकी राक्षसी घेरे में

राक्षसराज रावण के चले जाने के बार भयानक रूप वाली राक्षसियों ने सीता को घेर लिया और उन्हें अनेक प्रकार से डराने धमकाने लगीं। वे सीता की भर्त्सना करते हुए कहने लगीं, "हे मूर्ख अभागिन! हे नीच नारी! तीनों लोकों और चौदह भुवनों को अपने पराक्रम से पराजित करने वाले परम तेजस्वी राक्षसराज की शैया प्रत्येक को नहीं मिलती। यह तो तुम्हारा परम सौभाग्य है कि स्वयं लंकापति तुम्हें अपनी अंकशायिनी बनाना चाहते हैं। तनिक विचार कर देखो, कहाँ अगाध ऐश्वर्य, स्वर्णपुरी तथा अतुल सम्पत्ति का एकछत्र स्वामी और कहाँ वह राज्य से निकाला हुआ, कंगालों की भाँति वन-वन में भटकने वाला, हतभाग्य साधारण सा मनुष्य! सोच-समझ कर निर्णय करो और महाप्रतापी लंकाधिपति रावण को पति के रूप में स्वीकार करो। उसकी अद्धार्धांगिनी बनने में ही तुम्हारा कल्याण है।

अन्यथा राम के वियोग में तड़प-तड़प कर मरोगी या राक्षसराज के हाथों मारी जाओगी। तुम्हारा यह कोमल शरीर इस प्रकार नष्ट होने के लिये नहीं है। महाराज रावण के साथ विलास भवन में जा कर रमण करो। महाराज तुम्हें इतना विलासमय सुख देंगे जिसकी तुमने उस कंगाल वनवासी के साथ रहते कल्पना भी नहीं की होगी।"

राक्षसियों की ये बातें सुनकर कमलनयनी सीता ने अश्रुपूर्ण नेत्रों से उनकी ओर देख कर कहा, "तुम सब का यह लोक-विरुद्ध एवं पापपूर्ण प्रस्ताव मेरे हृदय में क्षणमात्र को भी नहीं ठहर नहीं पाता। एक मानवकन्या किसी राक्षस की भार्या नहीं हो सकती। तुम सब लोग भले ही मुझे खा जाओ किन्तु मैं तुम्हारी बात नहीं मान सकती। मेरे पति दीन हों अथवा राज्यहीन, वे ही मेरे स्वामी हैं और मैं सदा उन्हीं में अनुरक्त हूँ तथा आगे भी रहूँगी। जैसे सुवर्चला सूर्य में, महाभागा शची इन्द्र में, अरुन्धती महर्षि वसिष्ठ में, रोहिणि चन्द्र में, सुकन्या च्यवन में, सावित्री सत्यवान में, श्रीमती कपिल में, मदयन्ती सौदास में, केशिनी सगर में और दमयन्ती नल में अनुराग रखती हैं वैसे ही मैं भी अपने पति इक्ष्वाकुवंशशिरोमणि श्री राम में अनुरक्त हूँ।

सीता के वचन सुन कर राक्षसियों के क्रोध की सीमा न रही। वे रावण की आज्ञानुसार कठोर वचनों द्वारा उन्हें धमकाने लगीं। अशोकवृक्ष में चुपचाप छिपे बैठे हुए हनुमान जी सीता को फटकारती हुई राक्षसियों की बातें सुनते रहे। वे सब राक्षसियाँ कुपित होकर काँपती हुई सीता पर चारों ओर से टूट पड़ीं। उनका क्रोध बहुत बढ़ा हुआ था। राक्षसियों के बारम्बार धमकाने पर सर्वांगसुन्दरी कल्याणी सीता अपने आँसू पोंछती हुई उसी अशोकवृक्ष के नीचे चली आईं जिस पर हनुमान जी छिपे बैठे थे। शोकसागर में डूबी हुई विशाललोचना वैदेही वहाँ चुपचाप बैठ गईं। वे अत्यन्त दीन व दुर्बल हो गई थीं तथा उनके वस्त्र मलिन हो चुके थे। विकराल राक्षसियाँ फिर उन्हें घेरकर तरह-तरह से धमकाने लगीं।

विकराल रूप वाली राक्षसियों के द्वारा इस प्रकार से धमकाये जाने पर देवकन्या के समान सुन्दरी सीता धैर्य छोड़ कर रोने लगीं। विलाप करते हुए वे कहने लगीं, "हे भगवान! अब यह विपत्ति नहीं सही जाती। प्रभो! मुझे इस विपत्ति से छुटकारा दिलाओ, या मुझे इस पृथ्वी से उठा लो। बड़े लोगों ने सच कहा है कि समय से पहले मृत्यु भी नहीं आती।

आज मेरी कैसी दयनीय दशा हो गई है। कहाँ अयोध्या का वह राजप्रासाद जहाँ मैं अपने परिजनों तथा पति के साथ अलौकिक सुख भोगती थी और कहाँ यह दुर्दिन जब मैं पति से विमुख छल द्वारा हरी गई इन राक्षसों के फंदों में फँस कर निरीह हिरणी की भाँति दुःखी हो रही हूँ। आज अपने प्राणेश्वर के बिना मैं जल से निकाली गई मछली की भाँति तड़प रही हूँ। इतनी भयंकर वेदना सह कर भी मेरे प्राण नहीं निकल रहे हैं। आश्चर्य यह है कि मर्मान्तक पीड़ा सह कर भी मेरा हृदय टुकड़े-टुकड़े नहीं हो गया। मुझ जैसी अभागिनी कौन होगी जो अपने प्राणाधिक प्रियतम से बिछुड़ कर भी अपने प्राणों को सँजोये बैठी है।

अभी न जाने कौन-कौन से दुःख मेरे भाग्य में लिखे हैं। न जाने वह दुष्ट रावण मेरी कैसी दुर्गति करेगा। चाहे कुछ भी हो, मैं उस महापातकी को अपने बायें पैर से भी स्पर्श न करूँगी, उसके इंगित पर आत्म समर्पण करना तो दूर की बात है। यह मेरा दुर्भाग्य ही है किस एक परमप्रतापी वीर की भार्या हो कर भी दुष्ट रावण के हाथों सताई जा रही हूँ और वे मेरी रक्षा करने के लिये अभी तक यहाँ नहीं पहुँचे। मेरा तो भाग्य ही उल्टा चल रहा है। यदि परोपकारी जटायुराज इस नीच के हाथों न मारे जाते तो वे अवश्य राघव को मेरा पता बता देते और वे आ कर रावण का विनाश करके मुझे इस भयानक यातना से मुक्ति दिलाते। परन्तु मेरा मन कह रहा है दि दुश्चरित्र रावण के पापों का घड़ा भरने वाला है। अब उसका अन्त अधिक दूर नहीं है।

वह अवश्य ही मेरे पति के हाथों मारा जायेगा। उनके तीक्ष्ण बाण लंका को लम्पट राक्षसों के आधिपत्य से मुक्त करके अवश्य मेरा उद्धार करेंगे। किन्तु उनकी प्रतीक्षा करते-करते मुझे इतने दिन हो गये और वे अभी तक नहीं आये। कहीं ऐसा तो नहीं है कि उन्होंने मुझे मरा हुआ समझ लिया हो और इसलिये अब वे मेरी खोज खबर ही न ले रहे हों। यह भी तो हो सकता है कि दुष्ट मायावी रावण ने जिस प्रकार छल से मेरा हरण किया, उसी प्रकार उसने छल से उन दोनों भाइयों का वध कर डाला हो। उस दुष्ट के लिये कोई भी नीच कार्य अकरणीय

नहीं है। दोनों दशाओं में मेरे जीवित रहने का प्रयोजन नहीं है। यदि उन्होंने मुझे मरा हुआ समझ लिया है या इस दुष्ट ने उन दोनों का वध कर दिया है तो भी मेरा और उनका मिलन जअब असम्भव हो गया है। जब मैं अपने प्राणेश्वर से नहीं मिल सकती तो मेरा जीवित रहना व्यर्थ है। मैं अभी इसी समय अपने प्राणों का उत्सर्ग करूँगी।"

सीता के इन निराशा भरे वचनों को सुन कर पवनपुत्र हनुमान अपने मन में विचार करने लगे कि अब इस बात में कोई सन्देह नहीं है कि यह ही जनकनन्दिनी जानकी हैं जो अपने पति के वियोग में व्यकुल हो रही हैं। यही वह समय है, जब इन्हें धैर्य की सबसे अधिक आवश्यकता है।

37

हनुमान का सीता को मुद्रिका देना

सीता के वचन सुनकर वानरशिरोमणि हनुमान जी ने उन्हें सान्त्वना देते हुए कहा, "देवि! मैं श्री रामचन्द्र का दूत हनुमान हूँ और आपके लिये सन्देश लेकर आया हूँ। विदेहनन्दिनी! श्री रामचन्द्र और लक्ष्मण सकुशल हैं और उन्होंने आपका कुशल-समाचार पूछा है। रामचन्द्र जी केवल आपके वियोग में दुःखी और शोकाकुल रहते हैं। उन्होंने मेरे द्वारा आपके पास अपना कुशल समाचार भेजा है और तेजस्वी लक्ष्मण जी ने आपके चरणों में अपना अभिवादन कहलाया है।"

पुरुषसिंह श्री राम और लक्ष्मण का समाचार सुनकर देवी सीता के सम्पूर्ण अंगों में हर्षजनित रोमाञ्च हो आया और उनका मुझाया हुआ हृदयकमल खिल उठा। विषादग्रस्त मुखमण्डल पर आशा की किरणें प्रदीप्त होने लगीं। इस अप्रत्याशित सुखद समाचार ने उनके मृतप्राय शरीर में नवजीवन का संचार किया। तभी अकस्मात् सीता को ध्यान आया कि राम दूत कहने वाला यह वानर कहीं स्वयं मायावी रावण ही न हो। यह सोच कर वह वृक्ष की शाखा छोड़ कर पृथ्वी पर चुपचाप बैठ गईं और बोली, "हे मायावी! तुम स्वयं रावण हो और मुझे छलने के लिये आये हो। इस प्रकार के छल प्रपंच तुम्हें शोभा नहीं देते और न उस रावण के लिये ही ऐसा करना उचित है।

और यदि तुम स्वयं रावण हो तो तुम्हारे जैसे विद्वान, शास्त्रज्ञ पण्डित के लिये तो यह कदापि शोभा नहीं देता। एक बार सन्यासी के भेष में मेरा अपहरण किया, अब एक वानर के भेष में मेरे मन का भेद जानने के लिये आये हो। धिक्कार है तुम पर और तुम्हारे पाण्डित्य पर!" यह कहते हुये सीता शोकमग्न होकर जोर-जोर से विलाप करने लगी।

सीता को अपने ऊपर सन्देह करते देख हनुमान को बहुत दुःख हुआ। वे बोले, "देवि! आपको भ्रम हुआ है। मैं रावण या उसका गुप्तचर नहीं हूँ। मैं वास्तव में आपके प्राणेश्वर राघवेन्द्र का भेजा हुआ दूत हूँ। अपने मन से सब प्रकार के संशयों का निवारण करें और विश्वास करें कि मुझसे आपके विषय में सूचना पाकर श्री रामचन्द्र जी अवश्य दुरात्मा रावण

का विनाश करके आपको इस कष्ट से मुक्ति दिलायेंगे। वह दिन दूर नहीं है जब रावण को अपने कुकर्मों का दण्ड मिलेगा और लक्ष्मण के तीक्ष्ण बाणों से लंकापुरी जल कर भस्मीभूत हो जायेगी। मैं वास्तव में श्री राम का दूत हूँ। वे वन-वन में आपके वियोग में दुःखी होकर आपको खोजते फिर रहे हैं। मैं फिर कहता हूँ कि भरत के भ्राता श्री रामचन्द्र जी ने आपके पास अपना कुशल समाचार भेजा है और शत्रुघ्न के सहोदर भ्राता लक्ष्मण ने आपको अभिवादन कहलवाया है।

हम सबके लिये यह बड़े आनन्द और सन्तोष की बात है कि राक्षसराज के फंदे में फँस कर भी आप जीवित हैं। अब वह दिन दूर नहीं है जब आप पराक्रमी राम और लक्ष्मण को सुग्रीव की असंख्य वानर सेना के साथ लंकापुरी में देखेंगी। वानरों के स्वामी सुग्रीव रामचन्द्र जी के परम मित्र हैं। मैं उन्हीं सुग्रीव का मन्त्री हनुमान हूँ, न कि रावण या उसका गुप्तचर, जैसा कि आप मुझे समझ रही हैं। जब रावण आपका हरण करके ला रहा था, उस समय जो वस्त्राभूषण आपने हमें देख कर फेंके थे, वे मैंने ही सँभाल कर रखे थे और मैंने ही उन्हें राघव को दिये थे। उन्हें देख कर रामचन्द्र जी वेदना से व्याकुल होकर विलाप करने लगे थे। अब भी वे आपके बिना वन में उदास और उन्मत्त होकर घूमते रहते हैं। मैं उनके दुःख का वर्णन नहीं कर सकता।"

हनुमान के इस विस्तृत कथन को सुन कर जानकी का सन्देह कुछ दूर हुआ, परन्तु अब भी वह उन पर पूर्णतया विश्वास नहीं कर पा रही थीं। वे बोलीं, "हनुमान! तुम्हारी बात सुनकर एक मन कहता है कि तुम सच कह रहे हो, मुझे तुम्हारी बात पर विश्वास कर लेना चाहिये। परन्तु मायावी रावण के छल-प्रपंच को देख कर मैं पूर्णतया आश्वस्त नहीं हो पा रही हूँ। क्या किसी प्रकार तुम मेरे इस सन्देह को दूर कर सकते हो?" सीता जी के तर्कपूर्ण वचनों को सुन कर हनुमान ने कहा, "हे महाभागे! इस मायावी कपटपूर्ण वातावरण में रहते हुये आपका गृदय शंकालु हो गया है, इसके लिये मैं आपको दोष नहीं दे सकता; परन्तु आपको यह विश्वास दिलाने के लिये कि मैं वास्तव में श्री रामचन्द्र जी का दूत हूँ आपको एक अकाट्य प्रमाण देता हूँ। रघुनाथ जी भी यह समझते थे कि सम्भव है कि आप मुझ पर विश्वास न करें, उन्होंने अपनी यह मुद्रिका दी है। इसे आप अवश्य पहचान लेंगी।" यह कह कर हनुमान ने रामचन्द्र जी की वह मुद्रिका सीता को दे दी जिस पर राम का नाम अंकित था।

38

हनुमान का सीता को धैर्य बँधाना

पति के हाथ को सुशोभित करने वाली उस मुद्रिका को लेकर सीता जी उसे ध्यानपूर्वक देखने लगीं। उसे देखकर जानकी जी को इतनी प्रसन्नता हुई मानो स्वयं उनके पतिदेव ही उन्हें मिल गये हों। उनका लाल, सफेद और विशाल नेत्रों से युक्त मनोहर मुख हर्ष से खिल उठा, मानो चन्द्रमा राहु के ग्रण से मुक्त हो गया हो। पूर्णरूप से सन्तुष्ट हो कर वे हनुमान के साहसपूर्ण कार्य की सराहना करती हुई बोलीं, "हे वानरश्रेष्ठ! तुम वास्तव में अत्यन्त चतुर, साहसी तथा पराक्रमी हो। जो कार्य सहस्त्रों मेधावी व्यक्ति मिल कर नहीं कर सकते, उसे तुमने अकेले कर दिखाया।

तुमने दोनों रघुवंशी भ्राताओं का कुशल समाचार सुना कर मुझ मृतप्राय को नवजीवन प्रदान किया है। हे पवनसुत! मैं समझती हूँ कि अभी मेरे दुःखों का अन्त होने में समय लगेगा। अन्यथा ऐसा क्या कारण है कि विश्वविजय का सामर्थ्य रखने वाले वे दोनों भ्राता अभी तक रावण को मारने में सफल नहीं हुये। कहीं ऐसा तो नहीं है कि दूर रहने के कारण राघवेन्द्र का मेरे प्रति प्रेम कम हो गया हो? अच्छा, यह बताओ क्या कभी अयोध्या से तीनों माताओं और मेरे दोनों देवरों का कुशल समाचार उन्हें प्राप्त होता है? क्या तेजस्वी भरत रावण का नाश करके मुझे छुड़ाने के लिये अयोध्या से सेना भेजेंगे? क्या मैं कभी अपनी आँखों से दुरात्मा रावण को राघव के बाणों से मरता देख सकूँगी? हे वीर! अयोध्या से वन के लिये चलते समय रामचन्द्र जी के मुख पर जो अटल आत्मविश्वास तथा धैर्य था, क्या अब भी वह वैसा ही है?"

सीता के इन प्रश्नों को सुन कर हनुमान बोले, "हे देवि! जब रघुनाथ जी को आपकी दशा की सूचना मुझसे प्राप्त होगी, तब वे बिना समय नष्ट किये वानरों और रिक्षों की विशाल सेना को लेकर लंकापति रावण पर आक्रमण करके उसकी इस स्वर्णपुरी को धूल में मिला देंगे और आपको इस बंधन से मुक्त करा के ले जायेंगे। आर्ये! आजकल वे आपके ध्यान में इतने निमग्न रहते हैं कि उन्हें अपने तन-बदन की भी सुधि नहीं रहती, खाना पीना तक भूल

"

जाते हैं। उनके मुख से दिन रात 'हा सीते!' शब्द ही सुनाई देते हैं। आपके वियोग में वे रात को भी नहीं सो पाते। यदि कभी नींद आ भी जाय तो 'हा सीते!' कहकर नींद में चौंक पड़ते हैं और इधर-उधर आपकी खोज करने लगते हैं। उनकी यह दशा हम लोगों से देखी नहीं जाती। हम उन्हें धैर्य बँधाने का प्रयास करते हैं, किन्तु हमें सफलता नहीं मिलती। उनकी पीड़ा बढ़ती जाती है।"

अपने प्राणनाथ की दशा का यह करुण वर्णन सुनकर जानकी के नेत्रों से अविरल अश्रुधारा बह चली। वे बोलीं, "हनुमान! तुमने जो यह कहा है कि वे मेरे अतिरिक्त किसी अन्य का ध्यान नहीं करते इससे तो मेरे स्त्री-हृदय को अपार शान्ति प्राप्त हुई है, किन्तु मेरे वियोग में तुमने उनकी जिस करुण दशा का चित्रण किया है, वह मुझे विषमिश्रित अमृत के समान लगा है और उससे मेरे हृदय को प्राणान्तक पीड़ा पहुँची है। वानरशिरोमणे! दैव के विधान को रोकना प्राणियों के वश की बात नहीं है। यह सब विधाता का विधान है जिसने हम दोनों को एक दूसरे के विरह में तड़पने के लिये छोड़ दिया है। न जाने वह दिन कब आयेगा जब वे रावण का वध करके मुझ दुखिया को दर्शन देंगे? उनके वियोग में तड़पते हुये मुझे दस मास व्यतीत हो चुके हैं। यदि दो मास के अन्दर उन्होंने मेरा उद्धार नहीं किया तो दुष्ट रावण मुझे मृत्यु के घाट उतार देगा। वह बड़ा कामी तथा अत्याचारी है। वह वासना में इतना अंधा हो रहा है कि वह किसी की अच्छी सलाह मानने को तैयार नही होता।

उसी के भाई विभीषण की पुत्री कला मुझे बता रही थी किस उसके पिता विभषण ने रावण से अनेक बार अनुग्रह किया कि वह मुझे वापस मेरे पति के पास पहुँचा दे, परन्तु उसने उसकी एक न मानी। वह अब भी अपनी हठ पर अड़ा हुआ है। मुझे अब केवल राघव के पराक्रम पर ही विश्वास है, जिन्होंने अकेले ही खर-दूषण को उनके चौदह सहस्त्र युद्धकुशल सेनानियों सहित मार डाला था। देखें, अब वह घड़ी कब आती है जिसकी मैं व्याकुलता से प्रतीक्षा कर रही हूँ।" यह कहते युये सीता अपने नेत्रों से आँसू बहाने लगी।

सीता को विलापयुक्त वचन को सुनकर हनुमान ने उन्हें धैर्य बँधाते हुये कहा, "देवि! आप दुःखी न हों। मैं आपको विश्वास दिलाता हूँ कि मेरे पहुँचते ही प्रभु वानर सेना सहित लंका पर आक्रमण करके दुष्ट रावण का वध कर आपको मुक्त करा देंगे। मुझे तो यह लंकापति कोई असाधारण बलवान दिखाई नहीं देता। यदि आप आज्ञा दें तो मैं अभी इसी समय आपको अपनी पीठ पर बिठा कर लंका के परकोटे को फाँद कर विशाल सागर को लाँघता हुआ श्री रामचन्द्र जी के पास पहुँचा दूँ। मैं चाहूँ तो इस सम्पूर्ण लंकापुरी को रावण तथा राक्षसों सहित उठा कर राघव के चरणों में ले जाकर पटक दूँ। इनमें से किसी भी राक्षस में इतनी सामर्थ्य नहीं है कि वह मेरे मार्ग में बाधा बन कर खड़ा हो सके।

39

हनुमान का सीता को अपना विशाल रूप दिखाना

वानरश्रेष्ठ हनुमान के मुख से यह अद्भुत वचन सुनकर सीता जी ने विस्मयपूर्वक कहा, "वानरयूथपति हनुमान! तुम्हारा शरीर तो छोटा है तुम इतनी दूरी वाले मार्ग पर मुझे कैसे ले जा सकोगे? तुम्हारे इस दुःसाहस को मैं वानरोचित चपलता ही समझती हूँ।"सीता का अपने प्रति अविश्वास हनुमान को अपना तिरस्कार सा लगा। फिर उन्होंने सोचा कि मेरी शक्ति और सामर्थ्य से अपरिचित होने के कारण ही ये ऐसा कह रही हैं अतः इन्हें यह दिखा देना ही उचित होगा कि मैं अपनी इच्छानुरूप रूप धारण कर सकता हूँ। ऐसा सोचकर वे बुद्धिमान कपिवर उस वृक्ष से नीचे कूद पड़े और सीता जी को विश्वास दिलाने के लिये बढ़ने लगे। क्षणमात्र में उनका शरीर मेरु पर्वत के समान ऊँचा हो गया।

वे प्रज्वलित अग्नि के समान तेजस्वी प्रतीत होने लगे। तत्पश्चात् पर्वत के समान विशालकाय, तामे के समान लाल मुख तथा वज्र के समान दाढ़ और नख वाले भयानक महाबली वानरवीर हनुमान विदेहनन्दिनी से बोले, "देवि! मुझमें पर्वत, वन, अट्टालिका, चहारदीवारी और नगरद्वार सहित इस लंकापुरी को रावण के साथ ही उठा ले जाने की शक्ति है। अतः हे विदेहनन्दिनी! आपकी आशंका व्यर्थ है। देवि! आप मेरे साथ चलकर लक्ष्मण सहित श्री रघुनाथ जी का शोक दूर कीजिये।"

हनुमान के आश्चर्यजनक रूप को विस्मय से देखती हुई सीता जी बोलीं, "हे पवनसुत! तुम्हारी शक्ति और सामर्थ्य में अब मुझे किसी प्रकार की शंका नहीं रही है। तुम्हारी गति वायु के समान और तेज अग्नि के समान है। किन्तु मैं तुम्हारे प्रस्ताव को स्वीकार करने में असमर्थ हूँ। मैं अपनी इच्छा से अपने पति के अतिरिक्त किसी अन्य पुरुष के शरीर का स्पर्श नहीं कर सकती। मेरे जीवन में मेरे शरीर का स्पर्श केवल एक परपुरुष ने किया है और वह दुष्ट रावण है जिसने मेरा हरण करते समय मुझे बलात् अपनी गोद में उठा लिया था। उसकी वेदना से मेरा शरीर आज तक जल रहा है। इसका प्रायश्चित तभी होगा जब राघव उस दुष्ट का वध करेंगे। इसी में मेरा प्रतिशोध और उनकी प्रतिष्ठा है।"

जानकी के मुख से ऐसे युक्तियुक्त वचन सुन कर हनुमान का हृदय गद्-गद् हो गया। वे प्रसन्न होकर बोले, "हे देवि! महान सती साध्वियों को शोभा देने वाले ऐसे शब्द आप जैसी परम पतिव्रता विदुषी ही कह सकती हैं। आपकी दशा का वर्णन मैं श्री रामचन्द्र जी से विस्तारपूर्वक करूँगा और उन्हें शीघ्र ही लंकापुरी पर आक्रमण करने के लिये प्रेरित करूँगा। अब आप मुझे कोई ऐसी निशानी दे दें जिसे मैं श्री रामचन्द्र जी को देकर आपके जीवित होने का विश्वास दिला सकूँ और उनके अधीर हृदय को धैर्य बँधा सकूँ।"

हनुमान के कहने पर सीता जी ने अपना चूड़ामणि खोलकर उन्हें देते हुये कहा, "यह चूड़ामणि तुम उन्हें दे देना। इसे देखते ही उन्हें मेरे साथ साथ मेरी माताजी और अयोध्यापति महाराज दशरथ का भी स्मरण हो आयेगा। वे इसे भली-भाँति पहचानते हैं। उन्हें मेरा कुशल समाचार देकर लक्ष्मण और वानरराज सुग्रीव को भी मेरी ओर से शुभकामनाएँ व्यक्त करना। यहाँ मेरी जो दशा है और मेरे प्रति रावण तथा उसकी क्रूर दासियों का जो व्यवहार है, वह सब तुम अपनी आँखों से देख चुके हो, तुम समस्त विवरण रघुनाथ जी से कह देना। लक्ष्मण से कहना, मैंने तुम्हारे ऊपर अविश्वास करके जो तुम्हें अपने ज्येष्ठ भ्राता के पीछे कटुवचन कह कर भेजा था, उसका मुझे बहुत पश्चाताप है और आज मैं उसी मूर्खता का परिणाम भुगत रही हूँ। पवनसुत! और अधिक मैं क्या कहूँ, तुम स्वयं बुद्धिमान और चतुर हो। जैसा उचित प्रतीत हो वैसा कहना और करना।"

जानकी के ऐसा कहने पर दोनों हाथ जोड़ कर हनुमान उनसे विदा लेकर चल दिये।

40

समुद्र पार करने की चिन्ता

हनुमान के मुख से सीता का समाचार पाकर रामचन्द्र जी अत्यन्त प्रसन्न हुये और कहने लगे, "हनुमान ने बहुत भारी कार्य किया है भूतल पर ऐसा कार्य होना कठिन है। इस महासागर को लाँघ सकने की क्षमता गरुड़, वायु और हनुमान को छोड़कर किसी दूसरे में नहीं है। देवताओं, राक्षसों, यक्षों, गन्धर्वों तथा दैत्यों द्वारा रक्षित लंका में प्रवेश करके उसमें से सुरक्षित निकल आना केवल हनुमान के लिये ही सम्भव है। इन्होंने समुद्र-लंघन आदि कार्यों के द्वारा अपने पराक्रम के अनुरूप बल प्रकट कर के एक सच्चे सेवक के योग्य सुग्रीव का बहुत बड़ा कार्य सम्पन्न किया है। स्वामी द्वारा दिये गये कार्य को सेवक उत्साह तथा लगन से पूरा करे तो वह श्रेष्ठ होता है। जो सेवक कार्य तो पूर्ण कर दे, किन्तु बिना किसी उत्साह के पूरा करे, वह मध्यम होता है और आज्ञा पाकर भी कार्य न करने वाला सेवक अधम कहलाता है।

हनुमान ने स्वामी के एक कार्य में नियुक्त होकर उसके साथ ही दूसरे महत्वपूर्ण कार्यों को भी पूरा किया है और सुग्रीव को पूर्णतः सन्तुष्ट कर दिया है। आज मेरे पास पुरस्कार देने योग्य वस्तु का अभाव है। यह बात मेरे मन कसक उत्पन्न कर रही है कि यहाँ जिसने मुझे ऐसा प्रिय संवाद सुनाया, उसका मैं कोई वैसा ही प्रिय कार्य नहीं कर पा रहा हूँ। अतः इस समय मैं इन महात्मा हनुमान को केवल अपना प्रगाढ़ आलिंगन प्रदान अपना सर्वस्व इसे समर्पित करता हूँ।"

ऐसा कहते-कहते श्री रामचन्द्र जी के अंग-प्रत्यंग प्रेम से पुलकित हो गये और उन्होंने अपनी आज्ञा के पालन में सफलता पाकर लौटे हुए पवित्रात्मा हनुमान जी को हृदय से लगा लिया।

फिर थोड़ी देर तक विचार करके रामचन्द्र जी ने सुग्रीव से कहा, "हे वानरराज! जानकी की खोज का कार्य तो सुचारुरूप से सम्पन्न हो गया किन्तु समुद्र की दुस्तरता का विचार करके मेरे मन का उत्साह पुनः नष्ट हो रहा है। महान जलराधि से परिपूर्ण समुद्र को पार करना अत्यन्त कठिन है। यह कार्य कैसे हो पायेगा?"

राम को इस प्रकार चिन्तित देख सुग्रीव ने कहा, "वीरवर! आप दूसरे साधारण मनुष्यों की भाँति क्यों सन्ताप कर रहे हैं? जैसे कृतघ्न पुरुष सौहार्द्र को त्याग देता है उसी प्रकार से आप भी इस सन्ताप को त्याग दें। जब सीता जी का पता लग गया है तो मुझे आपके इस दुःख और चिन्ता का कोई कारण नहीं दिखाई देता। मेरी वानर सेना की वीरता और पराक्रम के सामने यह समुद्र बाधा बन कर खड़ा नहीं हो सकता। हम समुद्र पर पुल बना कर उसे पार करेंगे। परिश्रम और उद्योग से कौन सा कार्य सिद्ध नहीं हो सकता? हमें कायरों की भाँति समुद्र को बाधा मान निराश होकर नहीं बैठना चाहिये।"

सुग्रीव के उत्साहपूर्ण शब्दों से सन्तुष्ट होकर राघव हनुमान से बोले, "हे वीर हनुमान! कपिराज सुग्रीव की पुल बनाने की योजना से मैं सहमत हूँ। यह कार्य शीघ्र आरम्भ हो जाये, ऐसी व्यवस्था तो सुग्रीव कर ही देंगे। इस बीच तुम मुझे रावण की सेना, उसकी शक्ति, युद्ध कौशल, दुर्गों आदि के विषय में विस्तृत जानकारी दो। मुझे विश्वास है कि तुमने इन सारी बातों का अवश्य ही विस्तारपूर्वक अध्ययन किया होगा। तुम्हारी विश्लेषण क्षमता पर मुझे पूर्ण विश्वास है।"

रघुनाथ जी का आदेश पाकर पवनपुत्र हनुमान ने कहा, "हे सीतापते! लंका जितनी ऐश्वर्य तथा समृद्धि से युक्त है, उतनी ही वह विलासिता में डूबी हुई भी है। सैनिक शक्ति उसकी महत्वपूर्ण है। उसमें असंख्य उन्मत्त हाथी, रथ और घोड़े हैं। बड़े-बड़े पराक्रमी योद्धा सावधानी से लंकापुरी की रक्षा करते हैं। उस विशाल नगरी के चार बड़े-बड़े द्वार हैं। प्रत्येक द्वार पर ऐसे शक्तिशाली यन्त्र लगे हुये हैं जो लाखों की संख्या में आक्रमण करने वाले शत्रु सैनिकों को भी द्वार से दूर रखने की क्षमता रखते हैं। इसके अतिरिक्त प्रत्येक द्वार पर अनेक बड़ी-बड़ी शतघनी (तोप) रखी हुई हैं जो विशाल गोले छोड़ कर अपनी अग्नि से समुद्र जैसी विशाल सेना को नष्ट करने की सामर्थ्य रखती है।

लंका को और भी अधिक सुरक्षित रखने के लिये उसके चारों ओर अभेद्य स्वर्ण का परकोटा खींचा गया है। परकोटे के साथ-साथ गहरी खाइयाँ खुदी हुई हैं जो अगाध जल से भरी हुई हैं। उस जल में नक्र, मकर जैसे भयानक हिंसक जल-जीव निवास करते हैं। परकोटे पर थोड़े-थोड़े अन्तर से बुर्ज बने हुये हैं। उन पर विभिन्न प्रकार के विचित्र किन्तु शक्तिशाली यन्त्र रखे हुये हैं। यदि किसी प्रकार से शत्रु के सैनिक परकोटे पर चढ़ने में सफल हो भी जायें तो ये यन्त्र अपनी चमत्कारिक शक्ति से उन्हें खाई में धकेल देते हैं।

लंका के पूर्वी द्वार पर दस सहस्त्र पराक्रमी योद्धा शूल तथा खड्ग लिये सतर्कतापूर्वक पहरा देते हैं। दक्षिण द्वार पर एक लाख योद्धा अस्त्र-शस्त्रों से सुसज्जित होकर सदैव सावधानी की मुद्रा में खड़े रहते हैं। उत्तर और पश्चिम के द्वारों पर भी सुरक्षा की ऐसी ही व्यवस्था है। इतना सब कुछ होते हुये भी आपकी कृपा से मैंने उनकी शक्ति काफी क्षीण कर दी है क्योंकि जब रावण ने मेरी पूँछ में कपड़ा लपेट कर आग लगवा दी थी तो मैंने उसी जलती हुई पूँछ से लंका के दुर्गों को या तो समूल नष्ट कर दिया या उन्हें अपार क्षति पहुँचाई है। अनेक यन्त्रों की दुर्दशा कर दी है और कई बड़े-बड़े सेनापतियों को यमलोक भेज दिया है।

अब तो केवल सागर पर सेतु बाँधने की देर है, फिर तो राक्षसों का विनाश होते अधिक देर नहीं लगेगी।"

41

वानर सेना का प्रस्थान

हनुमान के मुख से लंका का यह विशद वर्णन सुन कर रामचन्द्र बोले, "हनुमान! तुमने भयानक राक्षस रावण की जिस लंकापुरी का वर्णन किया है, उसे मैं शीघ्र ही नष्ट कर डालूँगा। सुग्रीव! अभी विजय नामक मुहूर्त है और इस मुहूर्त में प्रस्थान करना अत्यन्त उपयुक्त है। अतः तुम तत्काल प्रस्थान की तैयारी करो। आज उत्तराफाल्गुनी नामक नक्षत्र है। कल चन्द्रमा का हस्त नक्षत्र से योग होगा। इसलिये हे सुग्रीव! हम लोगों का आज ही सारी सेनाओं के साथ यात्रा आरम्भ कर देना ही उचित है। इस समय जो शकुन प्रकट हो रहे हैं उन्हें देखकर यह विश्वास होता है कि मैं अवश्य ही रावण का वध कर के जनकनन्दिनी सीता को ले आऊँगा।"

रघुनाथ जी के वचन सुनकर महापराक्रमी वानरशिरोमणि सुग्रीव ने वानर सेनापतियों को यथोचित आज्ञा दी और समस्त महाबली वानरगण अपनी गुफाओं और शिखरों से शीघ्र ही निकल कर उछलते-कूदते हुए चलने लगे। उनमें से कुछ वानर उस सेना की रक्षा के लिये उछलते-कूदते चारों ओर चक्कर लगाते थे, कुछ मार्गशोधन के लिये कूदते-फाँदते आगे बढ़ते जाते थे, कुछ वानर मेघों के समान गर्जते, कुछ सिंहों के समान दहाड़ते और कुछ किलकारियाँ भरते हुए दक्षिण दिशा की ओर अग्रसर हो रहे थे। इस प्रकार से लाखों और करोड़ों वानर आगे-आगे श्री रामचन्द्र, लक्ष्मण और सुग्रीव को ले कर जयजयकार करते हुये सागर तट की ओर चल पड़े। 'श्री रामचन्द्र की जय' और 'रावण की क्षय' की घोषणाओं से दसों दिशाएँ गूँजने लगीं। कुछ वानर बारी-बारी से दोनों भाइयों को अपनी पीठ पर चढ़ाये लिये जा रहे थे। उनको अपनी-अपनी पीठ पर चढ़ाने के लिये वे एक दूसरे से प्रतिस्पर्धा करने लगे। उनकी तीव्र गति के कारण समस्त वातावरण धूलि-धूसरित हो रहा था। अम्बर धूमिल हो गया था और आकाश में चमकता हुआ सूर्य भी फीका पड़ गया था।

जब वह सेना नदी नालों को पार करती तो उनके प्रवाह भी उसके कारण परिवर्तित हो जाते थे। चारों ओर वानर ही वानर दिखाई देते थे। वे मार्ग में कहीं विश्राम लेने के लिये भी एक क्षण को नहीं ठहरते थे। उनके मन मस्तिष्क पर केवल रावण छाया हुआ था। वे सोचते

थे कि कब लंका पहुँचें और कब राक्षसों का संहार करें। इस प्रकार राक्षसों के संहार की कल्पना में लीन यह विशाल वानर सेना समुद्र तट पर जा पहुँची। अब वे उस क्षण की कल्पना करने लगे जब वे समुद्र पार करके दुष्ट रावण की लंका में प्रवेश करके अपने अद्भुत पराक्रम का प्रदर्शन करेंगे।

सागर के तट पर एक स्वच्छ शिला पर बैठ राम सुग्रीव से बोले, "हे सुग्रीव! हम सागर के तट तक तो पहुँच गये। अब यहाँ मन में फिर वही चिन्ता उत्पन्न हो गई कि इस विशाल सागर को कैसे पार किया जाय। अपनी सेना की छावनी यहीं डाल कर हमें इस समुद्र को पार करने का उपाय सोचना चाहिये। इधर जब तक हम इसका उपाय ढूँढें, तुम अपने गुप्तचरों को सावधान कर दो कि वे शत्रु की गतिविधियों के प्रति सचेष्ट रहें। कोई वानर अपने छावनी से अकारण बाहर भी न जाये क्योंकि इस क्षेत्रमें लंकेश के गुप्तचर अवश्य सक्रिय होंगे।

रामचन्द्र जी के निर्देशानुसार समुद्र तट पर छावनी डाल दी गई। समुद्र की उत्तुंग तरंगें आकाश का चुम्बन कर अपने विराट रूप का प्रदर्शन कर रहा था। सम्पूर्ण वातावरण जलमय प्रतीत होता था। आकाश में चमकने वाला नक्षत्र समुदाय सागर में प्रतिबिंबित होकर समुद्र को ही आकाश का प्रतिरूप बना रहा था। वानर समुदाय समुद्र की छवि को आश्चर्य, कौतुक और आशंका से देख रहा था।

42

विभीषण का श्री राम की शरण में आना

रावण से अपमानित होकर विभीषण अपने चार भयंकर तथा पराक्रमी अनुचरों के साथ आकाशमार्ग से दो ही घड़ी में उस स्थान पर आ गये जहाँ लक्ष्मण सहित श्री राम विराजमान थे। बुद्धिमान महापुरुष विभीषण ने आकाश में ही स्थित रहकर सुग्रीव तथा अन्य वानरों की ओर देखते हुए उच्च स्वर से कहा, "हे वानरराज! मैं लंका के राजा रावण का छोटा भाई विभीषण हूँ। मैं रावण के उस कुकृत्य से सहमत नहीं हूँ जो उसने सीता जी का हरण करके किया है। मैंने उसे सीता जी को लौटाने के लिये अनेक प्रकार से समझाया परन्तु उसने मेरी बात न मान कर मेरा अपमान किया और मुझे लंका से निष्कासित कर दिया। इसलिये अब मैं यहाँ श्री रामचन्द्र जी की शरण में आया हूँ। आप उन्हें मेरे आगमन की सूचना भिजवा दें।"

विभीषण की बात सुनकर सुग्रीव ने रामचन्द्र के पास जाकर कहा, "हे राघव! रावण का छोटा भाई विभीषण अपने चार मन्त्रियों सहित आपके दर्शन करना चाहता है। यदि आपकी अनुमति हो तो उसे यहाँ उपस्थित करूँ। किन्तु मेरा विचार है कि हमें शत्रु पर सोच-समझ कर ही विश्वास करना चाहिये। एक तो राक्षस वैसे ही क्रूर, कपटी और मायावी होते हैं फिर यह तो रावण का सहोदर भाई ही है। ऐसी दशा में तो वह बिल्कुल भी विश्वसनीय नहीं है। किन्तु आप हमसे अधिक बुद्धिमान हैं। जैसी आपकी आज्ञा हो, वैसा करूँ।"

सुग्रीव के तर्क सुनकर रामचन्द्र जी बोले, "हे वानरराज! आपकी बात सर्वथा युक्तिसंगत और हमारे हित में है, परन्तु नीतिज्ञ लोगों ने राजाओं के दो शत्रु बताये हैं। एक तो उनके कुल के मनुष्य और दूसरे उनके राज्य के सीमावर्ती क्षेत्रों पर शासन करने वाले अर्थात् पड़ोसी शासक। ये दोनों उस समय किसी राज्य पर आक्रमण करते हैं, जब राजा किसी व्यसन अथवा विपत्ति में फँसा हुआ होता है। विभीषण अपने भाई को विपत्ति में पड़ा देखकर हमारे पास आया है। वह हमारे कुल का नहीं है। हमारे विनाश से उसे कोई लाभ नहीं होगा। इसके विपरीत यदि हमारे हाथों से रावण मारा जायेगा तो वह लंका का राजा बन सकता है। इसलिये यदि वह हमारी शरण में आता है तो हमें उसे स्वीकार कर लेना चाहिये। कण्व ऋषि के

पुत्र परम ऋषि कण्डु ने कहा है कि यदि दीन होकर शत्रु भी शरण में आये तो उसे शरण देनी चाहिये। ऐसे शरणागत की रक्षा न करने से महान पाप लगता है। इसलिये शरण आये विभीषण को अभय प्रदान करना ही उचित है। अतः तुम उसे मेरे पास ले आओ।"

जब सुग्रीव विभीषण को लेकर राम के पास आया तो उसने दोनों हाथ जोड़कर कहा, "हे धर्मात्मन्! मैं लंकापति रावण का छोटा भाई विभीषण हूँ। यह जानकर मैं आपकी शरण में आया हुँ कि आप शरणागतवत्सल हैं। इसलिये आप मुझ शरणागत का उद्धार कीजिये।"

विभीषण के दीन वचन सुनकर श्री रामचन्द्र जी ने उसे गले से लगाते हुये कहा, "हे विभीषण! मैंने तुम्हें स्वीकार किया। अब तुम मुझे राक्षसों का बलाबल बताओ।"

श्री राम का प्रश्न सुनकर विभीषण बोला, "हे दशरथनन्दन! ब्रह्मा से वर पाकर दशमुख रावण देव, दानव, नाग, किन्नर आदि सभी से अवध्य हो गया है। उसका छोटा भाई कुम्भकर्ण, जो मुझसे बड़ा है, भी अद्भुत पराक्रमी, शूरवीर तथा तेजस्वी है। उसके सेनापति का नाम प्रहस्त है जिसने अपने शौर्य का प्रदर्शन करते हुये कैलाश पर्वत पर दुर्दमनीय मणिभद्र को पराजित किया था। रावण के पुत्र मेघनाद ने तो इन्द्र को परास्त करके इन्द्रजित की उपाधि अर्जित की है। मेघनाद का भाई महापार्श्व भी अकम्पन नामक पराक्रमी राक्षस को मारकर संसार भर में विख्यात हो चुका है। रावण के सेनापति तथा सेनानायक युद्ध कौशल में एक दूसरे से बढ़ कर हैं।"

विभीषण के मुख से लंका के वीरों की शौर्यगाथा सुनकर श्री रामचन्द्र बोले, "हे विभीषण! इन समस्त बातों को मैं जानता हूँ। इतना सब होते हुये भी मैं आज तुम्हारे सम्मुख प्रतिज्ञा करता हुँ कि मैं रावण का उसके पुत्रों, मन्त्रियों एवं योद्धाओं सहित वध करके तुम्हें लंका का राजा बनाउँगा। अब वह कहीं जाकर, किसी की भी शरण लेकर मेरे हाथों से नहीं बचेगा। यह मेरी अटल प्रतिज्ञा है।"

श्री रामचन्द्र जी की प्रतिज्ञा सुनकर विभीषण ने उनके चरण स्पर्श करके कहा, "हे राघव! मैं भी आपके चरणों की शपथ लेकर प्रतिज्ञा करता हूँ कि मैं रावण को उसके वीर योद्धाओं सहित मारने में आकी पूरी-पूरी सहायता करूँगा।"

विभीषण की प्रतिज्ञा सुनकर रामचन्द्र जी ने लक्ष्मण से समुद्र का जल मँगवाया और उससे विभीषण का अभिषेक करके सम्पूर्ण सेना में घोषणा करा दी कि आज से महात्मा विभीषण लंका के राजा हुये।

43

सेतु बन्धन

वानरसेना के समक्ष विशाल समुद्र लहरें मार रहा था और उसे पार करना एक बहुत बड़ी समस्या थी। राम के क्रोध से भयभीत होकर समुद्र ने स्वयं वहाँ आकर बताया कि सुग्रीव की सेना में नल और नील कुशल शिल्पी हैं। उनके नेतृत्व में समुद्र पर सेतु बाँधना सम्भव हो सकेगा। इतना बताकर समुद्र वापस चले गये।

समुद्र की बात सुनकर वानर नल ने श्री राम से कहा, "प्रभो, मैं विश्वकर्मा का औरस पुत्र हूँ और गुण में उन्हीं के समान हूँ। मैं महासागर पर पुल बाँधने में सर्वथा समर्थ हूँ इसलिये मैं समुद्र पर सेतु का निर्माण करूँगा।

नल-नील असंख्य वानरों को लेकर सेतु निर्माण के कार्य में जुट गये। उनके आदेश के अनुसार वानर सेना बड़े-बड़े वृक्षों को उखाड़ कर समुद्र तट पर एकत्रित करने लगे। देखते-देखते वहाँ साल, अश्वकर्ण, धब, बाँस, कुटज, अर्जुन, कर्णिकार, जामुन, अशोक आदि वृक्षों का एक विशाल गगनचुम्बी ढेर लग गया। इस प्रकार सागर के किनारे वृक्षों तथा शिलाओं के दो विशाल पर्वत बन गये। इसके पश्चात् उन्होंने बड़े-बड़े शिलाखण्डों को समुद्र में नल-नील के निर्देशानुसार डालना आरम्भ किया। उन शिलाखण्डों एवं वृक्षों को शिल्पकला में चतुर नल-नील सेतु का रूप देते जा रहे थे। इस प्रकार उन्होंने अधिक परिश्रम करके पहले ही दिन छप्पन कोस लम्बा पुल बना दिया। दूसरे दिन उन्होंने और भी अधिक फुर्ती दिखाई और चौरासी कोस लम्बा पुल बनाया। फिर अतुल परिश्रम से तीसरे दिन बानबे कोस लम्बा सेतु बनाया। इस प्रकार निरन्तर परिश्रम करके उन्होंने चार सौ कोस लम्बा पुल बना डाला। अब नल-नील के प्रयत्नों से चालीस कोस चौड़ा और चार सौ कोस लम्बा मजबूत पुल बन कर तैयार हो गया।

समुद्र पर सेतु बन जाने के पश्चात् श्री रामचन्द्र जी ने हनुमान की पीठ पर और लक्ष्मण ने अंगद की पीठ पर बैठ कर सेतु पर होते हुये विशाल सागर पार किया। उनके पीछे-पीछे सम्पूर्ण वानर सेना भी सुग्रीव के नेतृत्व में समुद्र को पार कर लंका में पहुँच गई। इस सेना के लंका में पहुँचते ही राक्षसों में भयानक हलचल मच गई। वे लंका दहन की घटना को स्मरण

कर भयभीत होने लगे।

उधर रावण ने शुक और सारण नामक मन्त्रियों को बुला कर उनसे कहा, "हे चतुर मन्त्रियो! अब राम ने वानरों की सहायता से अगाध समुद्र पर सेतु बाँध कर उसे पार कर लिया है और वह लंका के द्वार पर आ पहुँचा है। तुम दोनों वानरों का वेश बना कर राम की सेना में प्रवेश करो और यह पता लगाओ कि शत्रु सेना में कुल कितने वानर हैं, उनके पास अस्त्र-शस्त्र कितने और किस प्रकार के हैं तथा मुख्य-मुख्य वानर नायकों के नाम क्या हैं।"

रावण की आज्ञा पाकर दोनों कूटनीतिज्ञ मायावी राक्षस वानरों का वेश बना कर वानरोंसेना में घुस गये, परन्तु वे विभीषण की तीक्ष्ण दृष्टि से बच न सके। विभीषण ने उन दोनों को पकड़ कर राम के सम्मुख करते हुये कहा, "हे राघव! ये दोनों गुप्तचर रावण के मन्त्री शुक और सारण हैं जो हमारे कटक में गुप्तचरी करते पकड़े गये हैं।"

राम के सामने जाकर दोनों राक्षस थर-थर काँपते हुये बोले, "हे राजन्! हम राक्षसराज रावण के सेवक हैं। उन्हीं की आज्ञा से आपके बल का पता लगाने के लिये आये थे। हम उनकी आज्ञा के दास हैं, इसलिये उनका आदेश पालन करने के लिये विवश हैं। राजभक्ति के कारण हमें ऐसा करना पड़ा है। इसमें हमारा कोई दोष नहीं है।"

उनके ये निश्चल वचन सुन कर रामचन्द्र बोले, "हे मन्त्रियो! हम तुम्हारे सत्य भाषण से बहुत प्रसन्न हैं। तुमने यदि हमारी शक्ति देख ली है, तो जाओ। यदि अभी कुछ और देखना शेष हो तो भली-भाँति देख लो। हम तुम्हें कोई दण्ड नहीं देंगे। आर्य लोग शस्त्रहीन व्यक्ति पर वार नहीं करते। अतएव तुम अपना कार्य पूरा करके निर्भय हो लंका को लौट जाओ। तुम साधारण गुप्तचर नहीं, रावण के मन्त्री हो। इसलिये उससे कहना, जिस बल के भरोसे पर तुमने मेरी सीता का हरण किया है, उस बल का परिचय अपने भाइयों, पुत्रों तथा सेना के साथ हमें रणभूमि में देना। कल सूर्योदय होते ही अन्धकार की भाँति तुम्हारी सेना का विनाश भी आरम्भ हो जायेगा।"

श्री रामचन्द्र जी के वचनों से भयरहित हो उनका जयजयकार करते हुये शुक तथा सारण लंका में पहुँचे और रावण के सम्मुख उपस्थित होकर बोले, "हे स्वामिन्! हमारे वानर सेना में प्रवेश करते ही विभीषण ने हमें पहचान कर राम के सम्मुख उपस्थित कर दिया, परन्तु राम ने हमें निःशस्त्र दूत समझ कर छोड़ दिया। अब रही वानरों के बल की बात, उसका पता लगाना सम्भव नहीं है, क्योंकि उनमें प्रत्येक के मन में आपके विरुद्ध क्रोध तथा घृणा की ज्वाला धधक रही है। उनसे बात करना ही सम्भव नहीं है, किसी बात का पता लगाना तो बहुत कठिन है। राम ने कहलवाया है कि सूर्योदय होते ही वह राक्षस सेना का विनाश आरम्भ कर देगा। अब आप जैसा उचित समझें वैसा करें।"

दोनों मन्त्रियों के ये वचन सुनकर रावण क्रोध से उबलते हुये बोला, "चाहे कुछ भी हो जाय, मैं किसी भी दशा में सीता को वापिस नहीं करूँगा। मुझे विश्वास है, राम अपनी सेना सहित युद्ध भूमि में मेरे हाथों से अवश्य मारा जायेगा।"

मन्त्रियों के उत्तर से सन्तुष्ट न होकर रावण ने कुछ अन्य गुप्तचरों को छद्म वेश में वानर सेना में भेजा। उन्होंने बड़ी चतुराई से सम्पूर्ण जानकारी प्राप्त करके रावण को बतलाया कि राम ने अपना सैनिक शिविर सुवेल पर्वत पर लगाया है। उनमें जाम्बवन्त नामक ऋक्ष सबसे दुर्धर्ष एवं तेजस्वी है। उसके अतिरिक्त तीन वानर सबसे अधिक बलवान और पराक्रमी हैं। उनके नाम सुमुख, दुर्मुख तथा वेगदर्शी हैं। नल-नील उस सैनिक टुकड़ी के अध्यक्ष हैं जिसने समुद्र पर सेतु बाँधा है। अंगद अपने पिता वालि से भी अधिक तेजस्वी एवं बलवान है। उसके अतिरिक्त सहस्त्रों अद्भुत शक्तिसम्पन्न पराक्रमी वानर हैं। राम और लक्ष्मण तो जनस्थान को नष्ट करके अपने बल का परिचय आपको दे ही चुके हैं।

44

सीता के साथ छल

जब रावण के गुप्तचरों ने बताया कि श्री रामचन्द्र जी की सेना सुवेल पर्वत पर आकर ठहरी है और उस पर विजय पाना असम्भव है तब वह उद्वेलित हो गया। उसने महाबली, महामायावी, मायाविशारद राक्षस विधुज्जिह्व को बुलाकर आदेश दिया कि वह शीघ्र श्री रामचन्द्र जी का मायानिर्मित मस्तक बनाकर लाये। रावण की आज्ञा पाकर वह शीघ्र ही श्री राम का सिर बना लाया जो रक्त से लथपथ था। उसे देखकर कोई नहीं कह सकता था कि ये वास्तव में राम का मस्तक नहीं है। उस मस्तक को बाण की नोक पर रखकर वह अशोकवाटिका में जाकर सीता से बोला, "हे सीते! तूने राम की शक्ति पर अगाध विश्वास करके मेरा कहना नहीं माना। देख, राम युद्धभूमि में मारा गया। ले, अपने पति के मरने का समाचार सुन और इस सिर को देखकर अपने अभिमान पर आँसू बहा। वह अभिमानी वानरों के भरोसे मुझसे युद्ध करने आया था।

रात्रि को जब वानर सेना सहित राम और लक्ष्मण दोनों सो रहे थे, तब मेरे सेनापति प्रहस्त ने एक विशाल सेना लेकर उस पर आक्रमण कर दिया और अपने भयंकर हथियारों से मारकाट मचा दी। बहुत सी सेना मारी गई और जो बचे, वे प्राण लेकर भाग गये। तब प्रहस्त ने सोते हुये राम के सिर को काट डाला। इस आक्रमण में विभीषण भी मारा गया। तुझे प्राप्त करने के लिये मुझे ऐसा भयंकर संहार करना पड़ा। अब तेरा कोई आश्रय नहीं रह गया है, इसलिये अब तुझे चाहिये कि तू मुझे पति रूप में स्वीकार कर ले।"

इतना कह कर रावण ने उस मायारचित सिर को सीता के समक्ष रख दिया।

जब सीता ने उन दोनों मस्तकों को देखा जो सब प्रकार से आकृति, मुद्रा आदि में राम से मिलता था तो वह बिलख-बिलख कर रो पड़ी और नाना प्रकार से विलाप करती हुई कैकेयी को कोसने लगी, "हा! आज कैकेयी की मनोकामना पूरी हो गई। हा नागिन! आज तुम्हारी इच्छा पूरी हुई। अब तुम्हारा भरत निष्कंटक होकर राज करेगा। तुमने अपने स्वार्थ के पीछे रघुकुल का नाश कर दिया।"

इस प्रकार विलाप करती हुई वे मूर्च्छित होकर पृथ्वी पर गिर पड़ीं। जब चेतना लौटी तो वे फिर विलाप करने लगीं, "हा नाथ! यह सब क्या हो गया? आज मैं विधवा हो गई। आप मुझे यहाँ किसके भरोसे पर छोड़ गये। मुझसे ऐसा क्या अपराध हो गया है कि मैं रो-रो कर मर रही हूँ और आप चुपचाप देख रहे हैं। मुझसे सान्त्वना का एक शब्द भी नहीं कह रहे। ऐसे निर्मोही तो आप कभी नहीं थे। वन चलते समय आपने वचन दिया था कि तेरा साथ कभी नहीं छोड़ूँगा, परन्तु आज आप मुझे अकेला छोड़ कर चल दिये। आपकी प्रतीक्षा में आँखें बिछाये कौसल्या जब ये समाचार सुनेंगी तो उनकी क्या दशा होगी? कौन उनके आँसू पोंछेगा? हा! आज मैं ही आप दोनों कि मृत्यु का कारण बन गई। हे नीच रावण! तूने दोनों भाइयों की हत्या तो करा ही दी अब मेरा शीश भी काटकर अपनी कृपाण की प्यास बुझा ले। मेरे पति स्वर्ग में मेरी प्रतीक्षा कर रहे हैं। अब मैं इस संसार में एक क्षण भी रहना नहीं चाहती। उठा तलवार, कर अपना काम।"

जब सीता इस प्रकार विलाप कर रही थी तभी एक राक्षस ने आकर रावण को सूचना दी कि मन्त्री प्रहस्त अत्यन्त आवश्यक कार्य से इसी समय आपके दर्शन करना चाहते हैं। यह सुनते ही रावण तत्काल उस सिर को लेकर वहाँ से चला गया। उस समय तक सीता पुनः मूर्च्छित हो चुकी थीं।

विभीषण की स्त्री इस घटना की सूचना पा कर अशोकवाटिका में आई। वह सीता की मूर्छा दूर करके उन्हें समझाने लगी, "रावण ने तुमसे जो कुछ कहा है, वह झूठ है। राम न तो मारे गये हैं और न ये दुष्ट उन्हें मार ही सकते हैं। ये सिर माया से बनाया गया हैं। तुम इसके छल में पड़कर यह भी भूल गई कि लक्ष्मण दिन रात राघव की सेवा में रहते हैं और वे रात को कभी नहीं सोते। फिर सोते में उनके सिर कैसे काटे जा सकते हैं? तनिक कान लगाकर सुनो। रण की तैयारी करती हुई राक्षस सेना की गर्जना की ध्वनि स्पष्ट सुनाई दे रही है। यदि राम-लक्ष्मण वानरों सहित मारे जाते तो फिर यह तैयारी किसलिये होती?"

ये तर्कयुक्त वचन सुनकर सीता इस बात पर विचार करने लगी।

45

अंगद रावण दरबार में

सुवेल पर्वत पर श्री रामचन्द्र जी ने लंका का निरीक्षण करने के पश्चात् वे अपने सेनपतियों, विभीषण तथा वानरों आदि को लेकर लंका के मुख्य द्वार के निकट पहुँचे। यही लंका का सबसे विशाल मुख्य द्वार था। उन्होंने वहाँ पर एक दुर्भेद्य व्यूह की रचना की। उस विशाल द्वार पर लक्ष्मण सहित राम धनुष धारण कर खड़े हो गये। पूर्व द्वार पर सेनापति नल, नील, मैंद तथा द्विविद असंख्य पराक्रमी वीरों के साथ खड़े हुये। दक्षिण द्वार पर अंगद, ऋषभ, गज, गवय तथा गवाक्ष नामक तेजस्वी सेनापति एकत्रित हुये। पश्चिम द्वार से आक्रमण का भार हनुमान, प्रजंघ, तरस आदि अद्वितीय पराक्रमी सेनानायकों को सौंपा गया। उन सबके मध्य में एक दुर्भेद्य व्यूह बनाकर वानरराज सुग्रीव चुने हुये वानरों के साथ खड़े हो गये। रामचन्द्र और सुग्रीव दोनों के बीच में विशाल सेना लेकर जाम्बवन्त तथा सुषेण खड़े हुये।

इस प्रकार की व्यूह रचना करके राम ने राजधर्म का विचार करते हुए वालिपुत्र अंगद को बुला कर बोले, "सौम्य! कपिवर! तुम तेजस्वी, बलवान तथा वाक्-पटु हो। इस लिये तुम रावण से जाकर कहो कि तुम चोरों की भाँति एकान्त से सीता को चुरा लाये थे। अब रणभूमि में आकर अपना रणकौशल दिखाओ। हम तुम्हें एक अवसर और देते हैं। यदि तुम सीता को लेकर दाँतों में तृण दबाकर हमसे अपने अपराध के लिये क्षमायाचना करोगे तो हम तुम्हें अब भी क्षमा कर देंगे, अन्यथा कल प्रातःकाल से युद्ध होगा जिसमें तुम समस्त राक्षसों के साथ मारे जाओगे।"

रामचन्द्र की आज्ञा पाकर वालिसुत अंगद छलांग लगाकर लंका के परकोटे को पार कर रावण के दरबार में पहुँचे। उन्होंने कहा, "मैं वालि का पुत्र और श्री रामचन्द्र जी का दूत अंगद हूँ। श्री रामचन्द्र जी ने कहलाया है किस तुमने सीता को चुरा कर जो जघन्य अपराध किया है, उसके लिये मैं परिवार सहित तुम्हारा और तुम्हारे वंश का नाश करूँगा। यदि अब भी तुम अपनी कुशल चाहते हो तो सीता को आगे करके मुख में तृण रखकर क्षमायाचना करो, तुमको क्षमा कर दिया जायेगा तुम देवता, दानवों, यक्ष, गन्धर्व सबके शत्रु हो, इसलिये तुम्हारा

विनाश करना ही श्रेयस्कर है। मैं श्री रामचन्द्र जी की ओर से तुम्हें एक बार फिर समझाता हूँ, यदि तुमने उनसे क्षमा नहीं माँगी तो तुम मारे जाओगे और लंका का राज्य तथा ऐश्वर्य तुम्हारा भाई विभीषण भोगेगा।"

अंगद के कठोर वचन सुनकर क्रुद्ध हो रावण ने अपने सैनिकों को आज्ञा दी, "इस दुर्बुद्धि वानर को पकड़ कर मौत के घाट उतार दो।"

रावण की आज्ञा पाते ही चार राक्षसों ने अंगद को पकड़ लिया। पकड़े जाने पर उन्होंने एक धक्का देकर उन्हें भूमि पर गिरा दिया और स्वयं छलांग लगाकर छत पर पहुँच गये। क्रोध से जब उन्होंने छत पर अपना पैर पटका तो एक ही आघात से छत ध्वस्त हो कर नीचे आ गिरी। फिर विजय गर्जना करते हुये अपने कटक को लौट गये।

इसी समय गुप्तचरों ने आकर रावण को सूचना दी कि वानरों ने लंका को चारों ओर से घेर लिया है। उसने स्वयं छत पर चढ़कर चारों ओर वानरों की विशाल सेना को व्यूह बनाये देखा तो एक बार उसका हृदय भी भय और आशंका व्याप्त हो उठा।

उधर अंगद के पहुँचने के पश्चात् रामचन्द्र जी ने अपनी सेना को लंका का विध्वंस करने तथा राक्षसों का वध करने की आज्ञा दी। आज्ञा पाते ही वानर सेना बड़े-बड़े वृक्षों एवं शिलाखण्डों को लेकर लंका पर चढ़ दौड़ी। वे वृक्षों, पत्थरों, लात-घूसों से परकोटे और उसके द्वारों को तोड़ने और विशाल खाई को पाटने लगे। थोड़ी ही देर में उन्होंने भयंकर आघातों से नगर के चारों फाटक चूर-चूर कर दिया। परकोटे में बड़े-बड़े छेद हो गये। जब पुरी के द्वार और परकोटे नष्ट-भ्रष्ट हो गये तो रावण ने राक्षस योद्धाओं को बाहर निकल कर युद्ध करने का आदेश दिया।

आदेश मिलते ही राक्षस सेना हाथियों, घोड़ों, रथों आदि पर सवार होकर अपनी पैदल सेना के साथ पूरे वेग से वानरों पर टूट पड़ी। दोनों ओर के सैनिक अपने प्राणों का मोह त्याग कर भयानक युद्ध करने लगे। हाथी, घोड़ों की चिंघाड़ तथा हिनहिनाहट से, तलवारों की झंकार और सैनिकों के ललकार भरे जयजयकार से सारा वातावरण गूँज उठा। नाना प्रकार के वाद्यवृन्द तथा रणभेरियाँ योद्धाओं के उत्साह को द्विगुणित कर रही थीं। वानरों का उत्साह राक्षसों से कई गुणा अधिक था। उनके वृक्षों, शिलाओं, नखों तथा दाँतों के प्रहार ने राक्षसों की सेना में भयंकर मार-काट मचा दी असंख्य राक्षस मर-मर कर गिरने लगे। समुद्र तट से लंका के द्वार तक भूमि मृत एवं घायल सैनिकों से पटी दिखाई देती थी।

46

रावण कुम्भकर्ण संवाद

अग्निपुत्र नील के हाथों प्रहस्त के वध का समाचार सुनते ही रावण क्रोध से तमतमा उठा; किन्तु थोड़ी ही देर में उसका चित्त उसके लिये शोक से व्याकुल हो गया। उसके मन में भय उत्पन्न होने लगा। वह मन्त्रियों से बोला, "शत्रुओं को नगण्य समझकर मैं उनकी अवहेलना करता रहा इसी का परिणाम है प्रहस्त भी मारा गया। अब मैं समझता हूँ कि मुझे परमवीर कुम्भकर्ण को जगाकर रणभूमि में भेजना होगा। केवल वही ऐसा पराक्रमी है जो देखते-देखते शत्रु की सम्पूर्ण सेना का संहार कर सकता है।"

रावण की आज्ञा पाकर उसके मन्त्री ब्रह्मा के शाप के कारण सोये हुये कुम्भकर्ण के पास जाकर उसे जगाने लगे। जब वह चीखने-चिल्लाने और झकझोरने से भी न उठा तो वे लाठियों और मूसलों से मार-मार उसे उठाने लगे। साथ ही ढोल, नगाड़े तथा तुरहियों को बजाकर भारी शोर करने लगे, किन्तु उसकी नींद न खुली। अन्त में तोपों को दागकर, उसकी नाक में डोरी डालकर बड़ी कठिनाई से उसे जगाया गया। जब उसकी नींद टूटी तो माँस-मदिरा का असाधारण कलेवा करके वह बोला, "तुम लोगों ने मुझे कच्ची नींद से क्यों जगा दिया? सब कुशल तो है?"

कुम्भकर्ण का प्रश्न सुनकर मन्त्री यूपाक्ष ने हाथ जोड़कर निवेदन किया, "हे राक्षस शिरोमणि! लंका पर वानरों ने आक्रमण कर दिया है। अब तक हमारे बहुत से पराक्रमी वीरों तथा असंख्य राक्षस सैनिकों का संहार हो चुका है। मारे जाने वालों में खर-दूषण, प्रहस्त आदि महारथी सम्मिलित हैं। लंका भी जला दी गई है। ये सब वानर अयोध्या के राजकुमार राम की ओर से युद्ध कर रहे हैं। इस भयंकर परिस्थिति के कारण ही महाराज ने आपको जगाने की आज्ञा दी है। अब आप जाकर उन्हें धैर्य बँधायें।"

यह समाचार सुनकर कुम्भकर्ण स्नानादि से निवृत होकर राजसभा में रावण के पास पहुँचा। उसके चरणस्पर्श करके बोले, "महाराज! आपने मुझे किसलिये स्मरण किया है?"

कुम्भकर्ण को देखकर रावण प्रसन्न हुआ। वह बोला, "महाबली वीर! दीर्घकाल तक सोते रहने के कारण तुम्हें यहाँ के विषय में कोई जानकारी नहीं है। अयोध्या के राजकुमार राम

और लक्ष्मण वानरों की सेना को लेकर लंका का विनाश कर रहे हैं। उन्होंने समुद्र पर पुल बाँधकर उसे पार कर लिया है। इस समय लंका के चारों ओर वानर ही वानर दिखाई देते हैं। प्रहस्त, खर, दूषण आदि असंख्य वीर राक्षस सेना के साथ मारे जा चुके हैं। लंका में भय से त्राहि-त्राहि मच रही है। तुम पर मुझे पूर्ण विश्वास है। तुमने देवासुर संग्राम में देवताओं को खदेड़ कर जो अद्भुत वीरता दिखाई थी, वह मुझे आज भी स्मरण है। इसलिये तुम वानर सेना सहित दोनों भाइयों का संहार करके लंका को बचाओ।"

इसके अतिरिक्त रावण ने विभीषण के निष्कासन आदि की बातें भी उसे विस्तारपूर्वक बताईं।

यह सुनकर कुम्भकर्ण ने पहले तो रावण को नीति सम्बंधी बहुत सी बातें कहते हुए रावण को उपालम्भ दिया। फिर वह बोले, "भैया! आप भाभी मन्दोदरी और भैया विभीषण द्वारा दी हुई सम्मति के अनुसार कार्य करते तो आज लंका की यह दुर्दशा न होती। आपने मूर्ख मन्त्रियों के कहने में आकर स्वयं दुर्दिन को आमन्त्रण दिया है। परन्तु अब जो हो गया सो हो गया। उस पर पश्चाताप करने से क्या लाभ? अब आप के अनुचित कर्मों के फलस्वरूप उत्पन्न भय को मैं दूर करूँगा। मैं उन दोनों भाइयों का वध करूँगा और दुःखी राक्षसों के आँसू पोछूँगा। आप शोक न करें। मैं शीघ्र ही राम-लक्ष्मण का सिर आपके चरणों में रखूँगा।"

47

कुम्भकर्ण वध

शोकमग्न रावण को धैर्य बँधाकर कुम्भकर्ण युद्धभूमि में पहुँचा। स्वर्ण कवच से सुसज्जित कुम्भकर्ण ने हाथों में विद्युत के सदृश प्रकाशित भयंकर शूल उठा रखा था। लाखों चुने हुये सैनिकों को लेकर रणभूमि में पहुँचते ही उसने पृथ्वी को कँपा देने वाली भयंकर गर्जना की जिससे अनेक वानर मूर्छित होकर पृथ्वी पर गिर पड़े। इस विशाल पर्वताकार पराक्रमी राक्षस को देखकर साधारण वानरों की तो बात ही क्या; नल, नील, गवाक्ष तथा कुमुद जैसे पराक्रमी योद्धा भी भयभीत होकर रणभूमि से पलायन करने लगे। असंख्य वानर सैनिकों ने भी अपने इन सेनानायकों का अनुसरण किया।

अपनी सेना को इस प्रकार प्राणों के भय से भागते देख युवराज अंगद ने ललकार कर कहा, "हे वानरों! क्या इस प्रकार शत्रु को पीठ दिखाना तुम्हें शोभा देता है? तुम जैसे वीरों को भी प्राणों का मोह सताने लगा? धिक्कार है तुम्हें और तुम्हारी वीरता को! जिस कुम्भकर्ण को देखकर तुम भाग रहे हो, क्या वह कोई असाधारण योद्धा है? माँस मदिरा का सेवन करके उसका शरीर फूल गया है। वह तो बड़ी सरलता से मारा जायेगा। क्या रामचन्द्र जी के तेज के सम्मुख यह ठहर सकता है? आओ, लौटकर युद्ध करो। भागकर संसार में अपयश के भागी मत बनो।

अंगद के उत्साह भरे वचन सुनकर वानर सेना पुनः रणभूमि में लौट आई। वे प्राणों का मोह छोड़कर कुम्भकर्ण और उसकी सेना पर आक्रमण करने लगे। कुम्भकर्ण भी अपनी विशाल गदा के प्रहार से वानर सेना को मार-मार कर ढेर लगाने लगा। फिर भी शेष वानर वृक्षों तथा शिलाओं से राक्षस सेना का विनाश करने में जुटे रहे। कुम्भकर्ण उस समय साक्षात् यमराज प्रतीत हो रहा था। वह वानरों को गाजर मूली की भाँति काटकर ढेर लगाता जा रहा था। उसके चारों ओर हताहत वानरों के शरीर ही शरीर दिखाई दे रहे थे। क्रुद्ध होकर द्विविद ने एक पर्वत के टीले को उठाकर आकाश से कुम्भकर्ण के सिर पर मारा। कुम्भकर्ण तो उस वार से बच गया, किन्तु बहुत से राक्षस उसके नीचे दबकर मर गये।

राक्षसों की इतनी भारी क्षति से उत्साहित होकर वानरों ने दूने बल से राक्षस सेना का संहार आरम्भ किया जिससे सम्पूर्ण समरभूमि में रक्त की नदियाँ बहने लगीं। अब कुम्भकर्ण पर हनुमान भी आकाश मार्ग से पत्थरों की वर्षा करने लगे, परन्तु उस पर इसका कोई प्रभाव नहीं पड़ा। वह अपने शूल से पत्थरों के टुकड़े करके इधर-उधर छितराता रहा। इस प्रकार अपने वार खाली जाते देख हनुमान ने एक नुकीला वृक्ष उठाकर कुम्भकर्ण पर वार किया और उसका शरीर लहूलुहान कर दिया। उसने जब अपने शरीर से शोणित बहता देखा तो उसने वज्र के सदृश एक शूल पवनकुमार के मारकर उनकी छाती चीर दी। उसकी पीड़ा से वे व्याकुल हो गये। उनके मुख से रक्त बहने लगा हनुमान की यह दशा देखकर राक्षस सेना ने जयनाद किया और वे तीव्र वेग से मारकाट मचाने लगे।

हनुमान को घायल होता देख गन्धमादन, नील, ऋषभ, शरभ तथा गवाक्ष, पाँचों पराक्रमी सेनानायक एक साथ कुम्भकर्ण पर टूट पड़े। इस संयुक्त आक्रमण का भी उस पर कोई विशेष प्रभाव नहीं पड़ा। उसने पाँचों को पकड़कर इस प्रकार मसला कि वे मूर्छित होकर पृथ्वी पर गिर पड़े। अपने सेनानायकों को इस प्रकार मूर्छित होते देख वानर सेना एक साथ कुम्भकर्ण से चिपट गई। वह इससे भी विचलित नहीं हुआ और मुक्कों से मार-मार कर उनका सफाया करने लगा। सैकड़ों को उसने पूँछ पकड़-पकड़ कर फेंक दिया और बहुत से वानरों को पैरों के तले रौंद डाला।

जब उसके सम्मुख हनुमान, अंगद, नील, द्विविद, सुग्रीव जैसे वीर भी न ठहर सके और वानरों का अभूतपूर्व विनाश होने लगा तो सेना में भगदड़ मच गई। उन्होंने रामचन्द्र जी के पास जाकर गुहार की, "हे रघुवीर! कुम्भकर्ण ने हमारी सेना को तहस-नहस कर दिया है। हमारे बड़े-बड़े सेनापति घायल हो गये हैं। वह यमराज की भाँति हमारी सेना का घोर विनाश कर रहा है। ऐसा प्रतीत होता है कि वह हमारी सम्पूर्ण सेना को नष्ट कर डालेगा। इसलिये हम आपकी शरण में आये हैं। अब आप ही कुछ कीजिये, अन्यथा आज हमारी सेना का नामोनिशान नहीं बचेगा।

अपनी सेना की दुर्दशा का वृत्तान्त सुनकर लक्ष्मण का मुख क्रोध से रक्तवर्ण हो गया। वे राम की अनुमति लेकर कुम्भकर्ण से युद्ध करने के लिये चले। उनके पीछे-पीछे वानर सेनापति भी जयघोष करते हुये चले। अपने सम्मुख लक्ष्मण को देखकर कुम्भकर्ण ने हर्षनाद करते हुये कहा, "लक्ष्मण! मुझसे युद्ध करने का तुम्हारा साहस देखकर मैं प्रसन्न हुआ। तुम अभी बालक हो और मैं तुम्हारा वध नहीं करना चाहता। तुम लौट जावो और राम को भेजो, मैं उसका ही वध करूँगा।

इस प्रकार से लक्ष्मण का निरादर करके कुम्भकर्ण उस ओर दौड़ा जहाँ राम खड़े थे। कुम्भकर्ण को अपनी ओर आते देख वे उस पर रौद्र अस्त्रों से प्रहार करने लगे। जब इन अस्त्रों का उस पर कोई प्रभाव न पड़ा तो उन्होंने मयूर पंखों से सुसज्जित तीक्ष्ण बाण छोड़कर उसकी छाती फाड़ दी। इसकी पीड़ा से वह व्याकुल हो गया। उसके हाथों से गदा तथा अन्य अस्त्र छूटकर पृथ्वी पर गिर पड़े। जब रामचन्द्र जी के आगे उसकी एक न चली तो वह

खिसियाकर मुक्कों, लातों और थप्पड़ों से वानरों को मारने लगा। इस पर श्री राम ने उसे फिर ललकारा और तीक्ष्ण बाणों से उसके शरीर को छलनी कर दिया। तब कुपित होकर कुम्भकर्ण ने पृथ्वी से एक भारी शिला उठाकर रामचन्द्र जी पर फेंकी जिसे उन्होंने सात बाण मारकर चूर-चूर कर दिया।

फिर तीक्ष्ण नोक वाले तीन बाण छोड़कर उसका कवच तोड़ डाला। कवच के टूटते ही वानरों ने फिर उस पर धावा बोल दिया। उनसे घायल होकर वह क्रोध में इतना पागल हो गया कि उसे अपने और पराये का भी ज्ञान न रहा। उसने वानरों और राक्षसों सभी को मारना आरम्भ कर दिया। कुम्भकर्ण की यह दशा देखकर राम ने उसे फिर ललकार कर कहा, "अरे राक्षस! उन सैनिकों से क्या उलझ रहा है? इधर आकर मुझसे युद्ध कर।

राम की ललकार सुनते ही कुम्भकर्ण सामने आकर बोला, "हे राम! बहुत समय से मैं तुम्हारा वध करना चाहता था। आज सौभाग्य से तुम मेरे सम्मुख आये हो। मैं खर, दूषण, विराध या कबन्ध नहीं हूँ; मैं कुम्भकर्ण हूँ। मुझे अपने बल का परिचय दो।

कुम्भकर्ण की ललकार सुनकर रामचन्द्र जी ने अनेक अग्निबाण एक साथ छोड़े, परन्तु उन्हें कुम्भकर्ण ने मार्ग में ही नष्ट कर दिया। इस पर उन्होंने वायव्य बाण छोड़कर उसकी एक भुजा काट डाली। भुजा कटने पर क्रोध और पीड़ा से गर्जता हुआ भी वह वानरों का संहार करने लगा। इस भीषण मारकाट से भयभीत होकर वानर त्राहिमाम्-त्राहिमाम् कहते हुये रामचन्द्र जी के पीछे जाकर खड़े हो गये। तब रामचन्द्र जी ने ऐन्द्र नामक बाण से उसकी दूसरी भुजा भी काट डाली। फिर उन्होंने अद्धचन्द्राकार बाणों से उसके दोनों पैर काट डाले। इससे वह भयंकर शब्द करता हुआ पृथ्वी पर गिर पड़ा। तब उन्होंने इन्द्र द्वारा दिया हुआ सूर्य की किरण की भाँति जाज्वल्यमान ब्रह्मदण्ड नामक बाण छोड़ा जो कुण्डलों से युक्त कुम्भकर्ण के मस्तक को काटकर आकाश में उड़ा और फिर उसे पृथ्वी पर गिरा दिया। कुम्भकर्ण के मरते ही वानर सेना में हर्ष की लहर दौड़ गई। उनके जयनाद ने सम्पूर्ण लंकापुरी को थर्रा दिया। कुम्भकर्ण के मरने के पश्चात् राक्षसों ने रावण को जाकर दुःखद संवाद सुनाया।

कुम्भकर्ण की मृत्यु का समाचार सुनकर रावण मूर्छित हो पृथ्वी पर गिर पड़ा। नरान्तक, देवान्तक, त्रिशिरा आदि राक्षस भी अपने चाचा की मृत्यु का समाचार सुनकर रोने लगे। जब रावण की मूर्छा भंग हुई तो वह विलाप करके रोने लगा। "हाय! आज मैं भाई को खोकर बिल्कुल असहाय हो गया। जिस कुम्भकर्ण के नाम से देव-दानव तक थर्राते थे, वह वीर आज मनुष्य और वानरों के हाथों मारा गया। तुम्हारे बिना आज यह राज्य मेरे किस काम का? तुमने ठीक ही कहा था कि मैंने विभीषण की बात न मानकर भूल की थी। हा कुम्भकर्ण! तुम मुझे अकेला क्यों छोड़ गये? बिना भाई के यह जीवन भी कोई जीवन है? मैं तुम्हारे बिना अब किस के भरोसे जिउँगा?" इस प्रकार विलाप करते हुये वह फिर मूर्छित हो गया।

जब रावण को फिर सुधि आई तो त्रिशिरा ने उसे धैर्य बँधाते हुये कहा, "पिताजी! चाचाजी के मरने का आप इतना शोक क्यों करते हैं? उन्होंने तो शत्रु के छक्के छुड़ाने के पश्चात्

ही वीर गति प्राप्त की है। अभी आपको निराश होने की क्या आवश्यकता है, आपके पास तो ब्रह्मा की दी हुई शक्ति है। उसी से आप सेना सहित राम का नाश कीजिये। हम सब भी आपके साथ चलेंगे। आप अभी शोकाकुल हैं विश्राम कीजिये। हमें रणभूमि में जाने की अनुमति दीजिये।"

त्रिशिरा के इन वचनों को सुनकर रावण को कुछ धैर्य बँधा और उसने अपने पुत्रों को युद्ध में जाने की अनुमति दे दी।

48

मायासीता का वध

युद्ध में चार पराक्रमी पुत्रों और दो भाइयों के मारे जाने का समाचार सुनकर रावण को बहुत अधिक दुःख और रोष हुआ। हताश होकर वह सोचने लगा कि इस शत्रु से कैसे त्राण पाया जाये। अत्यधिक चिन्तन करने पर पर भी उसे कोई मुक्ति नहीं सूझ रही थी। अन्त में उसने मेघनाद को बुलाकर कहा, "हे पुत्र! शत्रुओं ने अपनी सेना के सभी श्रेष्ठ योद्धाओं को एक-एक करके मार डाला है। अब मुझे लंका में ऐसा कोई महावीर दिखाई नहीं देता जो राम-लक्ष्मण सहित वानर सेना का विनाश कर सके। अतः मेरी आशा तुम्हारे ऊपर ही टिकी हुई है। इसलिये अब तुम ही रणभूमि में जाकर दुर्दमनीय शत्रुओं का नाश करके लंका की रक्षा करो। तुमने महापराक्रमी इन्द्र को भी परास्त किया है तथा तुम सब प्रकार की युद्ध कला में प्रवीण भी हो। इसलिये तुम्हीं उनका विनाश कर सकते हो।"

पिता की आज्ञा के अनुसार मेघनाद दिव्य रथ में आरूढ़ हो विशाल राक्षसी सेना के साथ युद्धभूमि की ओर चला। मार्ग में वह विचार करने लगा कि राम और लक्ष्मण बड़े शक्तिशाली योद्धा हैं जिन्होंने प्रहस्त, कुम्भकर्ण, महोदर तथा अतिकाय जैसे पराक्रमी योद्धाओं का वध कर डाला। यदि किसी प्रकार इनका मनोबल टूट जाय तो इन पर विजय प्राप्त करना सरल हो जायेगा। इस प्रकार विचार करते हुये उसके मस्तिष्क में एक युक्ति आई। उसने अपनी माया के बल से सीता की आकृति का निर्माण किया और उसे रथ में रख लिया। इसके पश्चात् वह सिंह गर्जना करता हुआ वानर सेना के सम्मुख जा पहुँचा। मेघनाद सहित शत्रु सेना को सामने देखकर वानर शिला और वृक्ष लेकर उस पर टूट पड़े। हनुमान भी एक भारी शिला उखाड़कर मेघनाद पर झपटे, परन्तु रथ में दीन-मलिन, दुर्बल सीता को देखकर ठिठक गये।

फिर उन्होंने सीता को बचाकर मेघनाद पर वार करना आरम्भ कर दिया। हनुमान को लगातार अपने ऊपर वार करते देख वह एक हाथ से तलवार खींचकर दूसरे हाथ से मायानिर्मित सीता के केश पकड़ उसे झकझोरने लगा। सीता की यह दुर्दशा देखकर क्रोध और सन्ताप से विदीर्ण हुये पवनपुत्र बोले, "अरे नीच! ब्राह्मण की सन्तान होते हुये तुझे स्त्री पर

हाथ उठाते लज्जा नहीं आती? धिक्कार है तेरी बुद्धि और बल पर। एक अबला को मारकर अपनी वीरता को कलंकित करते हुये तुझे संकोच नहीं होता? रे दुष्ट! तू जानकी की हत्या करके कभी जीवित नहीं बच सकेगा।"

इतना कहकर हनुमान और वानर सेना पत्थर बरसाते हुये उसे मारने के लिये दौड़े, किन्तु मेघनाद और उसके सैनिकों ने उन्हें रथ तक नहीं पहुँचने दिया। उनके सारे प्रयत्नों को निष्फल कर दिया।

तब घोर गर्जना करता हुआ मेघनाद बोला, "हनुमान! स्त्री पर हाथ डालना यद्यपि धर्म के विरुद्ध है, किन्तु शत्रु को प्रत्येक प्रकार से पीड़ा पहुँचाना नीति के विरुद्ध नहीं है। इसलिये तेरे सामने ही मैं सीता का वध करूँगा। सीता ही सारे दुःखों की जड़ है। उसके मरने के बाद ही लंका में सुख-शान्ति स्थापित होगी।"

यह कहकर उसने माया से बनी सीता का सिर काट दिया। सिर कटते ही वानर सेना में निराशा फैल गई। वह दुःख के सागर में डूबकर किंकर्तव्यविमूढ़ सी खड़ी रह गई। इस दशा का लाभ उठाकर राक्षस बड़ी मात्रा में वानरों का विनाश करने लगे। उधर हनुमान ने दुःखी होकर रामचन्द्र जी को समाचार दिया कि मेघनाद ने हमारे सामने सीता जी का सिर तलवार से काट दिया और वे "हा राम! हा राम!!" कहती हुई स्वर्ग सिधार गईं। यह समाचार सुनते ही राम मूर्छित होकर पृथ्वी पर गिर पड़े। कुछ वानर उन्हें घेरकर चैतन्य करने का प्रयत्न करने लगे। लक्ष्मण भी शोकातुर होकर विलाप करने लगे। साथ ही वे अपने बड़े भाई को होश में लाने की चेष्टा भी करते जाते थे।

जब विभीषण ने यह संवाद सुना तो उसने आकर बड़ी कठिनाई से रामचन्द्र को सचेत किया और समझाते हुये कहा, "हे रघुनन्दन! हनुमान ने जो कुछ आपसे कहा है, वह सत्य नहीं है। सीता का वध किसी भी दशा में सम्भव नहीं है। रावण ऐसा कभी नहीं करेगा और न किसी को उन्हें स्पर्श करने देगा। इसमें सन्देह नहीं कि मेघनाद ने आपके साथ छल किया है। इस समय वह रणभूमि में भी नहीं है। मेरी सूचना के अनुसार वह निकुम्मिला देवी के मन्दिर में यज्ञ करने के लिये गया है। इस यज्ञ के सम्पन्न हो जाने पर वह अपराजेय हो जायेगा। इसलिये आप तत्काल सेना सहित लक्ष्मण को उस मन्दिर में भेजकर यज्ञ को पूरा न होने दें और वहीं मेघनाद का वध करा दें। आप लक्ष्मण को आज्ञा दें। मैं भी उनके साथ जाउँगा। आज यज्ञ पूर्ण होने से पहले मेघनाद का वध होना ही चाहिये।"

49

लक्ष्मण मेघनाद युद्ध

विभीषण की सम्मति के अनुसार रामचन्द्र जी ने लक्ष्मण जी को आज्ञा दी कि वे अपने पराक्रम का परिचय देकर मेघनाद का वध करें। अपने अग्रज की आज्ञा पाते ही लक्ष्मण कवच पहन, हाथ में धनुष बाण ले राम के चरणस्पर्श कर मेघनाद का वध करने के लिये चल पड़े। लक्ष्मण के पीछे-पीछे विभीषण, सुग्रीव, हनुमान, जाम्बवन्त तथा वानरों की विशाल सेना चली। निकुम्मिला देवी के मन्दिर के निकट मेघनाद के रक्षक के रूप में असंख्य पराक्रमी राक्षस हाथी, घोड़ों एवं रथों पर सवार युद्ध के लिये सन्नद्ध खड़े थे। लक्ष्मण को सेना सहित आते देख उन्होंने भयंकर हुंकार की।

हुंकार कि चिन्ता न कर लक्ष्मण तथा अंगद मारकाट मचाते हुये राक्षस सेना में घुस गये। शेष वानर सेना ने भी उनका अनुसरण किया और वृक्षों, पत्थरों तथा शिलाओं की मार से राक्षसों का विनाश करने लगे। बदले में वे भी तीर, भालों, तलवारों तथा गदाओं से वानरों पर प्रति आक्रमण करने लगे। दोनों ओर से होने वाली गर्जनाओं से सम्पूर्ण लंकापुरी गूँज उठी। दोनों ओर भयंकर कारकाट मच रही थी. सैनिकों के मस्तक, धड़, हाथ-पैर आदि कट-कट कर शोणित की सरिता में बह रहे थे। मृत शरीरों का एकत्रित ढेर रुधिर सरिता में द्वीप की भाँति प्रतीत हो रहा था। अंगद, हनुमान और लक्ष्मण की भयंकर मार से राक्षस सेना त्राहि-त्राहि कर उठी और उनका आर्तनाद सुनकर मेघनाद यज्ञ पूरा किये बिना ही क्रुद्ध होकर युद्ध करने के लिये मन्दिर से निकल पड़ा। जब उसने लक्ष्मण के साथ विभीषण को भी देखा तो क्रोध से उसका मुख तमतमा गया।

वह भ्रकुटि चढ़ाकर उससे बोला, "हे राक्षसकुलकलंक! तुम परम तेजस्वी पुलस्त्य वंश पर कलंक हो जिसने अपने सहोदर भाई के साथ विश्वासघात करके शत्रु का साथ दिया है। राम न तो हमारे वंश का है, न हमारा मित्र है और न कोई धर्मपरायण व्यक्ति ही है। फिर तुम उसका साथ क्यों दे रहे हो? यह मत भूलो कि अपना अपना होता है और पराया पराया ही होता है। धिक्कार है तुम्हारी बुद्धि पर जो तुम स्वयं दास बनकर सम्पूर्ण राक्षस जाति को एक विदेशी का दास बनाने के उद्यत हो गये। तुम याद रखना कि राम कभी तुम्हारा सगा

नहीं बनेगा। वह यह करकर तुम्हें मरवा देगा कि जो अपने सगे भाई का नहीं हुआ, वह हमारा क्या होगा?"

मेघनाद के कठोर वचन सुनकर विभीषण ने उत्तर दिया, "हे दुर्बुद्धे! तुझे प्रलाप करते समय यह भी ध्यान नहीं रहा कि मैं तेरे पिता का भ्राता हूँ। इसलिये तुझे मेरे साथ सम्मानपूर्वक वार्तालाप करना चाहिये। स्मरण रख, राक्षस कुल में जन्म लेकर भी मैं क्रूर व्यक्तियों की संगति से सदा बचता रहा हूँ। मैंने तुम्हारे पिता को भी उचित सम्मति दी थी, परन्तु उसे मानना तो एक ओर, उन्होंने भरी सभा में मेरा घोर अपमान किया। तुम लोग नीतिवान होने का दम्भ करके भी इस साधारण सी बात को भूल गये कि पराई स्त्री का हरण करना, पराया धन बलात् लेना और मित्र पर विश्वास न करना, तीनों ही विनाश के कारण बनते हैं। ये तीनों दुर्गुण तेरे पिता में आ गये हैं, इसलिये अब राक्षस वंश का नाश होने जा रहा है।"

विभीषण के इन शब्दों ने मेघनाद की क्रोधाग्नि और भी भड़का दिया और वह क्रोधित होकर अपने तीक्ष्ण बाणों से वानरों का संहार करने लगा। यह देख लक्ष्मण के क्रोध का पारावार न रहा। उन्होंने मेघनाद को ललकार कर उसके रथ को अपने बाणों से आच्छादित कर दिया। मेघनाद ने इन बाणों को काटकर अनेक बाण एक साथ छोड़े। दोनों में से कोई किसी से पीछे नहीं रहना चाहता था। वे गरज-गरज कर रणोन्मत्त सिंहों की भाँति युद्ध कर रहे थे। मेघनाद की गति जब मन्द पड़ने लगी तो वानर सेना ने उत्साहित होकर लक्ष्मण का जयघोष किया। इससे मेघनाद को बहुत क्रोध आया। उसने एक साथ असंख्य बाण छोड़कर वानर सेना को पीछे धकेल दिया। तब लक्ष्मण ने तीक्ष्ण नोक वाले सात बाण छोड़कर उसका दुर्भेद्य कवच तोड़ डाला जिससे वह टुकड़े-टुकड़े होकर पृथ्वी पर बिखर गया। फिर तो मेघनाद के कवचहीन शरीर में नुकीले तीर घुसकर उसके शरीर को छलनी करने लगे।

इस भयंकर वार से विचलित हो गया और उसने एक हजार बाण मारकर लक्ष्मण के कवच के भी टुकड़े-टुकड़े कर डाले। अब दोनों मतवाले वीर बिना कवच के युद्ध करने लगे। दोनों के शरीरों में एक दूसरे के तीक्ष्ण बाण घुसकर शोणित की धाराएँ प्रवाहित करने लगे। साथ ही उनके बाण एक दूसरे के बाणों को काटकर चिनगारी भी उगलते जाते थे। उनके रक्तरंजित शरीर ऐसे प्रतीत हो रहे थे मानो वन में टेसू और सेमल के फूल खिल रहे हों। दोनों सेनाएँ इन वीर महारथियों का पराक्रम देखकर विस्मित हो रही थीं जो युद्ध से न हटते थे और न थकते थे।

50

मेघनाद वध

विभीषण ने क्रोध करके अग्नि के समान बाणों की बौछार करके राक्षस सेना का विनाश करना आरम्भ कर दिया। विभीषण की बाणवर्षा से प्रोत्साहित होकर वानर सेना पूरे बल से हनुमान के नेतृत्व में शिला और वृक्ष मारकर राक्षसों को यमलोक भेजने लगी। इस महायुद्ध को देखकर देवता-दानव सबके हृदय दहल गये। पृथ्वी पर शवों के अतिरिक्त वृक्षों एवं शिलाओं के समूह से गगनचुम्बी पर्वत बन गये। वहाँ लक्ष्मण और मेघनाद के बाणों से दसों दिशाएँ आच्छादित हो गईं, उनके बाणों से सूर्य छिप गया और चारों ओर अन्धकार छा गया। तभी सुमित्रानन्दन ने मेघनाद के रथ के चारों घोड़ों को मारकर सारथि का सिर काट डाला। यह देखकर राक्षसों के उत्साह पर पाला पड़ गया और वानर सेना में फिर से नवजीवन का संचार हो गया। तभी मेघनाद लपक कर दूसरे रथ पर चढ़ गया और उस पर से बाणों वर्षा करने लगा।

मेघनाद ने जब दूसरे रथ पर चढ़कर युद्ध करना आरम्भ किया तो विभीषण को बहुत क्रोध आया। उसने पूरे वेग से गदा का वार करके उसके रथ को चूर-चूर कर दिया और सारथि को मार डाला। अपने चाचा द्वारा किये गये इस विनाशकारी आक्रमण से मेघनाद जलभुन गया और उसने एक साथ दस बाण विभीषण को मारने के लिये छोड़े। मेघनाद के लक्ष्य को दृष्टि में रखकर लक्ष्मण ने अपने तीक्ष्ण बाणों से उन बाणों को मार्ग में ही नष्ट कर दिया। अपना वार इस प्रकार खाली जाते देख मेघनाद क्रोध से उन्मत्त हो गया और उसने विभीषण को मारने के लिये वह शक्तिशाली बाण छोड़ा जो उसे यमराज से प्राप्त हुआ था।

वह एक अद्भुत बाण था जिसे इन्द्र आदि देवता भी नहीं काट सकते थे और जिसके वार को तीनों लोकों में भी कोई सहन नहीं कर सकता था। इस यम बाण को अपनी ओर आता देख लक्ष्मण ने भी वह अप्रमेय शक्ति वाला बाण निकाला जो उन्हें कुबेर ने दिया था। उन बाणों के छूटने से सम्पूर्ण आकाश प्रकाश से जगमगा उठा। वे दोनों एक दूसरे से टकराये जिससे भयानक अग्नि उत्पन्न हुई और दोनों बाण जलकर भस्म हो गये। अपने बाण को

व्यर्थ जाता देख लक्ष्मण ने मेघनाद पर वरुणास्त्र छोड़ा। उस प्रलयंकारी अस्त्र का निवारण करने के लिये इन्द्रजित ने आग्नेय बाण छोड़ा।

इसके परिणामस्वरूप लक्ष्मण का वरुणास्त्र निरस्त होकर पृथ्वी पर गिर पड़ा। लगभग उसी समय मेघनाद ने लक्ष्मण के प्राण लेने के लिये आसुरास्त्र नामक बाण छोड़ा। उसके छूटते ही सम्पूर्ण वातावरण में अन्धकार छा गया और कुछ भी देखना सम्भव नहीं रह गया। अपने इस सफलता पर मेघनाद ने बड़े जोर की गर्जना की, किन्तु दूसरे ही क्षण लक्ष्मण ने सूर्यास्त्र छोड़कर उस अन्धकार को दूर कर दिया जिससे पृथ्वी, आकाश एव सभी दिशाएँ पूर्ववत् चमकने लगीं।

उसी के साथ उन्होंने एक अद्वितीय बाण प्रत्यंचा पर चढ़ाते हुये यह कहकर कि 'यदि रघुवंशमणि महात्मा राम परम सत्यवादी, धर्मपरायण तथा दृढ़व्रती हैं तो हे बाण! तू शीघ्र जाकर दुष्ट मेघनाद को यमलोक पहुँचा' वेदमन्त्रों का उच्चारण करते हुये उन्होंने वह बाण छोड़ दिया। तीनों लोकों का क्षय करने की सामर्थ्य वाला वह अजेय बाण सम्पूर्ण वातावरण को प्रकाशित करता हुआ मेघनाद को लगा और उसका मस्तक उड़ाकर आकाश में बहुत दूर तक ले गया। मेघनाद का मस्तकविहीन धड़ बड़े जोर का धमाका करता हुआ पृथ्वी पर गिरा। इन्द्र को भी समरभूमि में पराजित करने वाले, सम्पूर्ण देवताओं एवं दानवों को अपने नाम से ही भयभीत करने वाले इस परम पराक्रमी मेघनाद का सुमित्रानन्दन के हाथों वध होता देख वानर सेना के आनन्द की सीमा न रही। वे बड़े जोर से हर्षध्वनि और सिंह गर्जना करते हुये राक्षसों को चुन-चुन कर मारने लगे।

लंका के महत्वपूर्ण स्तम्भ तथा राक्षसकुल के परम तेजस्वी युवराज को इस प्रकार मरते देख राक्षस सेना का मनोबल टूट गया। उनके पैर उखड़ गये। कुछ साहसी राक्षस आधे मन से लड़ते रहे और शेष प्राण बचाकर लंका की ओर दौड़े। वानर सेना उस समय विजयोन्माद से उन्मत्त हो रही थी। उसने भागते हुये राक्षसों को भी न छोड़ा और उन पर निरन्तर पत्थरों से आक्रमण करते रहे। जो उनकी पकड़ में आ गये, उन्हें नाखूनों और दाँतों से चीर डाला। एक ओर राक्षस हाहाकार करते हुये भागे जा रहे थे तो दूसरी ओर ऋक्ष एवं वानर राम-लक्ष्मण की जयजयकार करते हुये उन्हें खदेड़ रहे थे। देवताओं एवं ऋषि-मुनियों के भयंकर शत्रु के मर जाने पर सब लोग प्रसन्न हो हर्षनाद कर रहे थे।

51

लक्ष्मण मूर्च्छित

इस भयंकर युद्ध में लक्ष्मण ने रावण की ध्वजा काटकर उसके सारथि का वध कर डाला और रावण के धनुष को काट डाला। साथ ही विभीषण ने भी अपनी गदा से रावण के रथ के घोड़ों को मार डाला। विभीषण के इस कृत्य से रावण को इतना क्रोध आया कि उसने विभीषण पर एक प्रज्वलित शक्ति चलाई किन्तु विभीषण के पास आने के पहले ही लक्ष्मण ने उस शक्ति को अपने बाणों से नष्ट कर दिया। इस पर अत्यन्त क्रोधित होकर रावण ने विभीषण पर ऐसी अमोघ शक्ति चलाई जिसका वेग काल भी न सह सकता था। विभीषण के प्राण संकट में देख लक्ष्मण स्वयं आगे बढ़कर शक्ति के सामने खड़े हो गये। वज्र और अशनि के समान गड़गड़ाहट उत्पन्न करने वाली तथा विषधर सर्प के समान वह भयंकर महातेजस्वी शक्ति लक्ष्मण आकर लगी। उस नागराज वासुकी की जिह्वा के समान देदीप्यमान शक्ति ने लक्ष्मण के वक्ष को विदीर्ण कर दिया और वे रक्त से लथपथ होकर मूर्च्छित हो पृथ्वी पर गिर पड़े।

वानरों ने उस शक्ति को लक्ष्मण के शरीर में से निकालने का भरसक प्रयत्न किया, किन्तु सफल न हो सके। अन्त में श्री राम ने पूरी शक्ति लगा कर दोनों हाथों से खींचकर उसे बाहर निकाला और तोड़कर भूमि पर फेंक दिया। जब तक राम शक्ति को खींचकर निकालते रहे रावण निरन्तर बाणों की वर्षा करके उन्हें घायल करता रहा। शक्ति निकाल कर उन्होंने शीघ्र ही रावण को मार डालने की प्रतिज्ञा की। फिर वे रावण के साथ भयानक युद्ध करने लगे। जब रावण उनके बाणों को न सह सका तो वह घायल होकर रणभूमि से भाग गया।

श्रीराम लक्ष्मण के पास बैठकर नाना प्रकार से विलाप करने लगे। उनके विलाप से दुःखी सारी वानर सेना रोने लगी। तभी सुषेण ने कहा, "हे वीरशिरोमणि! आप दुःखी न हों। ये जीवित हैं, इनकी हृदयगति चल रही है।"

फिर हनुमान से कहा, "तुम शीघ्र ही महोदय पर्वत पर जाकर विशल्यकरणी, सावण्यकरणी, संजीवकरणी तथा संघानी नामक औषधियाँ ले आओ। उनसे लक्ष्मण के प्राणों की रक्षा हो सकेगी।" सुषेण के निर्देशानुसार हनुमान तत्काल महोदय गिरि पर जा

पहुँचे, परन्तु इन औषधियों की पहचान न होने के कारण उस शिखर को ही उखाड़ लाये जिस पर अनेक प्रकार की औषधियों के वृक्ष उग रहे थे। सुषेण ने इनमें से औषधियों को पहचानकर उनको कूट-पीस कर लक्ष्मण को सुँघाया। इससे वे थोड़ी ही देर में स्वस्थ होकर उठ खड़े हुये।

52

रावण वध

उधर रावण रथादूर हो फिर युद्ध करने के लिये लौट आया। राम पृथ्वी पर खड़े होकर रथ में सवार रावण से युद्ध करने लगे तो देवराज इन्द्र ने उनके पास अपना रथ भिजवाकर प्रार्थना की कि वे उस पर सवार होकर युद्ध करें। दोनों ही पराक्रमी वीर रथों पर सवार होकर भीषण युद्ध करने लगे। उनके अद्भुत रण-कौशल को देखकर दिग्गज वीरों भी रोमांचित होने लगे। इधर रावण ने नागास्त्र छोड़ा तो उधर श्रीराम ने गरुड़ास्त्र।

रावण ने इन्द्र के रथ की ध्वजा काट डाली और घोड़ों को घायल कर दिया। रावण के बाणों से बार-बार आहत होने के कारण श्रीराम अपने बाणों को प्रत्यंचा पर नहीं चढ़ा पा रहे थे। जब रावण ने उन पर शूल नामक महाभयंकर शक्ति छोड़ी तो राम ने क्रोधपूर्वक इन्द्र द्वारा दी हुई शक्ति छोड़कर उस शूल को नष्ट कर दिया। फिर उन्होंने लगातार बाण वर्षा करके रावण को बुरी तरह घायल कर दिया। रावण की यह दशा देखकर उसका सारथी उसे रणभूमि से बाहर ले गया। अपने सारथी के इस कार्य से रावण को बहुत क्रोध आया और उस फटकार कर उसने रथ को पुनः रणभूमि में ले चलने आज्ञा दी।

श्रीराम के सम्मुख पहुँचकर वह फिर उन पर बाणों की वर्षा करने लगा। दोनों महावीर महारथियों के बीच फिर ऐसा भयंकर युद्ध आरम्भ हुआ कि वानरों और राक्षसों की विशाल सेनाएँ और पराक्रमी वीर अपने हाथों में हथियार होते हुये भी निश्चेष्ट होकर उनका रणकौशल देखने लगे। राक्षसों की दृष्टि रावण के पराक्रम पर अटकी हुई थी तो वानरों की श्रीराम के शौर्य पर। श्रीराम को अपनी विजय पर पूर्ण विश्वास था और परिस्थितियों को देखते हुये रावण समझ गया था कि उसकी मृत्यु निश्चित है। यह सोचकर दोनों रणकेसरी अपनी पूरी शक्ति से युद्ध करने लगे।

पहले रामचन्द्र जी ने रावण के रथ की ध्वजा को एक ही बाण से काट गिराया। इससे क्रोधित होकर रावण चारों ओर गदा, चक्र, परिध, मूसल, शूल तथा माया निर्मित शस्त्रों की वर्षा करने लगा। दोनों ओर से भयानक घात-प्रतिघात होने लगे। युद्ध विषयक प्रवृति और निवृति में दोनों ही रणपण्डित अपना-अपना अद्भुत कौशल दिखाने लगे। सनसनाते बाणों

के घटाटोप से सूर्य की प्रभा लुप्त हो गई और वायु की गति भी मन्द पड़ गई। देव, गन्धर्व, किन्नर, यक्ष, सिद्ध, महर्षि सभी चिन्ता में पड़ गये। तभी अवसर पाकर महाबाहु राम ने एक विषधर समान बाण छोड़कर रावण का मस्तक काट डाला, परन्तु उसके स्थान पर रावण का वैसा ही दूसरा नया सिर उत्पन्न हो गया। जब श्रीराम ने उसे भी काट डाला तो वहाँ तीसरा शीश प्रकट हो गया। इस प्रकार बार-बार शीश कटने पर भी उसका अन्त नहीं हो रहा था।

यह दशा देखकर इन्द्र के सारथी मातलि ने कहा, "प्रभो! आप इसे मारने के ब्रह्मास्त्र का प्रयोग कीजिये। अब उसके विनाश का समय आ पहुँचा है। मातलि की बात सुनकर रघुनाथ जी को ब्रह्मा के उस बाण का स्मरण हो आया जो उन्हें अगस्त्य मुनि ने दिया था। उन्होंने रावण की छाती को लक्ष्य करके वह बाण पूरे वेग के साथ छोड़ दिया जिसने रावण के हृदय को विदीर्ण कर दिया। इससे रावण के प्राण पखेरू उड़ गये। रावण को मारकर वह बाण पृथ्वी में समा गया और पुनः स्वच्छ होकर श्रीराम के तरकस में लौट आया। रावण के विनाश और श्रीराम की विजय से समस्त लोकों में हर्ष की लहर दौड़ गई। चारों ओर श्रीराम की जयजयकार होने लगी। वानर सेना में आनन्द का पारावार न रहा। प्रत्येक सैनिक विजय गर्व से फूला न समाता था।

पराजित और मरे हुये भाई को देखकर विभीषण अपने आँसुओं को न रोक सका और वह फूट-फूट कर विलाप करने लगा और कहने लगा, "हे भाई! अहंकार के वशीभूत होकर तुमने मेरी, प्रहस्त, कुम्भकर्ण, इन्द्रजित, नरान्तक आदि किसी की भी बात न मानी। उसी का फल यह सामने आया। तुम्हारे मरने से नीति पर चलने वाले लोगों की मर्यादा टूट गई, धर्म का मूर्तिवान विग्रह चला गया, सूर्य पृथ्वी पर गिर पड़ा, चन्द्रमा अन्धेरे में डूब गया और जलती अग्नि शिखा बुझ गई।"

विभीषण को इस प्रकार विलाप करते देख श्रीराम ने उसे समझाया, "हे विभीषण! तुम्हें इस प्रकार शोक नहीं करना चाहिये। रावण असमर्थ होकर नहीं मरा है। उसने प्रचण्ड पराक्रम का प्रदर्शन किया है। इस प्रकार क्षत्रिय धर्म का पालन करते हुये मरने वालों के लिये शोक नहीं करना चाहिये। युद्ध में सदा विजय ही विजय मिले, ऐसा पहले भी कभी नहीं हुआ है। यह सोचकर उठो और संयत मन से प्रेत कर्म करो। मैं इसमें तुम्हें पूरा सहयोग दूँगा। बैर जीवनकाल तक ही रहता है। मरने के बाद उस बैर का अन्त हो जाता है। इसलिये यह जैसा तुम्हारा स्नेहपात्र है, उसी तरह मेरा भी है।"

53

मन्दोदरी का विलाप और रावण की अन्त्येष्टि

रावण की मृत्यु का समाचार सुनकर मन्दोदरी सहित उसकी सभी रानियाँ शोकाकुल होकर अन्तःपुर से निकल पड़ीं। वे चीख-चीख कर विलाप करने लगीं। 'हा आर्यपुत्र! हा नाथ!' पुकारते हुये वे कटी हुई लताओं की भाँति रावण के मृत शरीर पर गिर कर हाहाकार करने लगीं, "हाय! असुर, देवता और नाग जिसके भय से काँपा करते थे, आज उन्हीं की एक मनुष्य ने यह दशा कर दी। आपके प्रिय भाई विभीषण ने आपके हित की बात कही थी, उसे ही आपने निकाल बाहर किया। राक्षसशिरोमणे! ऐसी बात नहीं है कि आपके स्वेच्छाचार से हमारा विनाश हुआ है, दैव ही सब कुछ कराता है।"

मन्दोदरी बिलख-बिलख कर कह रही थी, "नाथ! पहले आपने इन्द्रियों को जीतकर ही तीनों लोकों पर विजय पाई थी, उस बैर का प्रतिशोध लेकर इन्द्रियों ने ही अब आपको परास्त किया है। खर के मरने पर ही मुझे विश्वास हो गया था कि राम कोई साधारण मनुष्य नहीं है। मैं ने बारम्बार आपसे कहा था, रघुनाथ जी से बैर-विरोध न लें, किन्तु आप नहीं माने। उसी का आज यह फल मिला है। आपने महान तेजस्वी सीता का अपहरण किया। वे संसार की महानतम पतिव्रता नारी हैं। उनका अपहरण करते समय ही आप जलकर भस्म नहीं हो गये, यही महान आश्चर्य है।

आज वही सीता आपकी मृत्यु का कारण बन गई। हाय स्वामी! आपकी मृत्यु कैसे हो गई? आप तो मृत्यु की भी मृत्यु थे। फिर स्वयं ही मृत्यु के आधीन कैसे हो गये? महाराज! पतिव्रता के आँसू इस पृथ्वी पर व्यर्थ नहीं गिरते, यह कहावत आपके साथ ठीक-ठीक घटी है। आपने युद्ध में कभी कायरता नहीं दिखाई, परन्तु सीता का हरण करते समय आपने कायरता का ही परिचय दिया था। मैं शोक से पीड़ित हो रही हूँ औ आप मुझे सान्त्वना भी नहीं दे रहे। आज आपका वह प्रेम कहाँ गया?"

इन शोकविह्वल रानियों को देखकर श्रीराम ने विभीषण से कहा, "हे विभीषण! इन्हें धैर्य बँधाओ और अपने भाई का अन्तिम संस्कार करो।"

श्रीराम की आज्ञा पाकर विभीषण ने माल्यवान के साथ मिलकर दाह संस्कार की तैयारी की। शव को भली-भाँति सजाकर शवयात्रा निकाली गई जिसमें नगर के समस्त लंकानिवासियों और अन्तःपुर की सभी रानियों ने भाग लिया। वेदोक्त विधि से उसका अन्तिम संस्कार किया गया।

54

विभीषण का राज्याभिषेक और सीता की वापसी

युद्ध की समाप्ति पर श्री राम ने मातलि को सम्मानित करते हुए इन्द्र के दिये हुये रथ को लौटा दिया। तत्पश्चात उन्होंने समस्त वानर सेनानायकों की भूरि-भूरि प्रशंसा करते हुये उनका यथोचित सम्मान किया। फिर वे लक्ष्मण से बोले, "सौम्य! अब तुम लंका में जाकर विभीषण का राज्याभिषेक करो, क्योंके इन्होंने मुझ पर बहुत बड़ा उपकार किया है।"

रघुनाथ जी की आज्ञा पाकर लक्ष्मण ने प्रसन्नतापूर्वक सोने का घड़ा उठाया और एक वानर यूथपति को समुद्र का जल भर लाने का आदेश दिया। उन्होंने लंकापुरी में जल से भरे उस घट को उत्तम स्थान पर स्थापित किया। फिर उस जल से विभीषण का वेदोक्त रीति से अभिषेक किया। राजसिंहासन पर विराजमान विभीषण उस समय अत्यन्त तेजस्वी प्रतीत हो रहे थे। लक्ष्मण के पश्चात् अन्य सभी उपस्थित राक्षसों और वानरों ने भी उनका अभिषेक किया।

विभीषण को लंका के सिंहासन पर अभिषिक्त देख उसके मन्त्री और प्रेमी अत्यन्त प्रसन्न हुये। वे श्रीराम की स्तुति करने लगे। उन्होंने अपने निष्ठा का आश्वासन देते हुये दही, अक्षत, मिष्ठान्न, पुष्प आदि अपने नये नरेश को अर्पित किये और 'महाराज विभीषण की जय', 'श्रीरामचन्द्र जी की जय' का उद्घोष किया। विभीषण ने सभी प्रकार की मांगलिक वस्तुएँ लक्ष्मण को भेंट की और रघुनाथ जी के प्रति भक्ति प्रकट की।

जब लक्ष्मण विभीषण का राज्याभिषेक कर लौट आये तो श्री रामचन्द्र जी ने हनुमान से कहा, "महावीर! तुम महाराज विभीषण की आज्ञा लेकर लंकापुरी में जाओ और वैदेही को यह समाचार दो कि रावण युद्ध में मारा गया है और वे लौटने की तैयारी करें।"

रघुनाथ जी की आज्ञा पाकर हनुमान विभीषण की अनुमति ले अशोकवाटिका में पहुँचे और वैदेही को श्रद्धापूर्वक प्रणाम करके बोले, "माता! श्री रामचन्द्र जी लक्ष्मण और सुग्रीव के साथ कुशल हैं। अपने शत्रु का वध करके वे अपने मनोरथ में सफल हुए। रावण अपनी सेना सहित युद्ध में मारा गया। विभीषण का राज्याभिषेक कर दिया गया है। इस प्रकार अब

आप निर्भय हों। आपको यहाँ भारी कष्ट हुआ। इन निशाचरियों ने भी आपको कुछ कम कष्ट नहीं दिया है। यदि आप आज्ञा दें तो मैं मुक्कों, लातों से इन सबको यमलोक पहुँचा दूँ।"

हनुमान की यह बात सुनकर सब निशाचरियाँ भय से थर-थर काँपने लगीं। परन्तु करुणामयी सीता बोलीं, "नहीं वीर! इसमें इनका कोई दोष नहीं है। ये तो रावण की आज्ञा का ही पालन करती थीं। इसके अतिरिक्त पूर्वजनित कर्मों का फल तो मुझे भोगना ही था। यदि फिर भी इन दासियों का कुछ अपराध हो तो उसे मैं क्षमा करती हूँ। अब तुम ऐसी व्यवस्था करो कि मैं शीघ्र प्राणनाथ के दर्शन कर सकूँ।"

पवनपुत्र ने लौटकर जब दशरथनन्दन को सीता का संदेश दिया तो उन्होंने विभीषण से कहा, "भाई विभीषण! तुम शीघ्र जाकर सीता को अंगराग तथा दिव्य आभूषणों से विभूषित करके मेरे पास ले आओ।"

आज्ञा पाकर विभीषण ने स्वयं वैदेही का पास जाकर उनके दर्शन किया और उन्हें श्री राम द्वारा दी गई आज्ञा कह सुनाई। पति का संदेश पाकर सीता श्रृंगार कर पालकी पर बैठ विभीषण के साथ उस स्थान पर पहुँचीं जहाँ उनके पति का शिविर था। फिर पालकी से उतरकर पैदल ही सकुचाती हुई अपने पति के सम्मुख जाकर उपस्थित हो गईं। आगे वे थीं और उनके पीछे विभीषण। उन्होंने बड़े विस्मय, हर्ष और स्नेह से पति के मुख का दर्शन किया। उस समय उनका मुख आनन्द से प्रातःकालीन कमल की भाँति खिल उठा।